策 划　刘长明
　　　　米吉提·卡德尔
　　　　古力先·吐拉洪?
主 编　张新泰
　　　　于文胜

新疆刀郎

文 胜 编

新疆美术摄影出版社
新疆电子音像出版社

图书在版编目（CIP）数据

新疆刀郎/文胜编. —阿图什：克孜勒苏柯尔克孜文出版社，新疆电子音像出版
社：2007.2（2011.1重印）

ISBN 978－7－5374－0671－0

Ⅰ．聚… Ⅱ．文… Ⅲ．少数民族－民族文化－新疆－文集 Ⅳ．K280.45－53

中国版本图书馆 CIP 数据核字（2006）第 140522 号

新疆刀郎

策　　划	刘长明　米吉提·卡德尔　古力先·吐拉洪	
主　　编	张新泰　于文胜	
编　　者	文　胜	
图片提供	文　焰	
责任编辑	吴晓霞	
审　　读	强建国	
装帧设计	党　红　王　芬	
出　　版	克孜勒苏柯尔克孜文出版社	
	新疆电子音像出版社	
社　　址	乌鲁木齐市西虹西路36号　　邮　编　830002	
发　　行	新华书店	
印　　刷	北京中创彩色印刷有限公司	
开　　本	787mm×1092mm　1/16	
印　　张	12	
字　　数	71千字	
版　　次	2011年1月第2版	
印　　次	2014年4月第2次印刷	
书　　号	ISBN 978－7－5374－0671－0	
定　　价	29.80元	

目　录

刀 郎 研 究

关于刀郎

刀郎，亦被音译作"刀朗"、"多郎"、"多朗"、"多浪"、"多兰"、"都兰"、"惰兰"、"朵兰"或"道南"等。

大部分中外学者认为，这个词是生活在叶尔羌河、塔里木河两岸乃至罗布泊地区的一部分维吾尔人的自称。但对于"刀郎人"的渊源却有着多种不同的说法，对于"刀郎"一词原意的诠释也不尽相同。

塔里木土著说

"'多朗'源自古维吾尔语，意为'群'，是古代塔里木沙漠边缘居民的通称。"中国艺术研究院音乐研究所《中国音乐词典》中的"多朗舞"条目如此说。《辞海》艺术分册中"多朗舞"条目的说法与此相近。

"多朗人主要散居在塔克拉玛干沙漠边缘以麦盖提县为中心的地区，包括周围的巴楚、莎车、叶城、岳普湖等地与麦盖提县接壤的乡村以及阿克苏地区的阿瓦提县，沿塔里木河的轮台、尉犁，直至哈密一带的广阔地区。他们主要从事农业、畜牧业和手工业。他们有史以来生活在这片肥沃、富饶、美丽的土地上，从事着狩猎、牧业和后来的农业活动，用自己的辛勤劳动创造了无数的财富，使塔里木盆地中的这块土地日益繁荣起来了"。

回纥（维吾尔）说

维吾尔学者米尔苏里唐力主此说："马长寿先生在其专著《突厥人及突厥汗国》一书中，引用《旧唐书》资料，指出在唐高祖武德初年（618年），铁勒部中有多览葛部落。""在薛延陀政权崩溃之时，铁勒部中有回鹘（788年前称回纥——引者注）、拔野古等十二姓酋长，其中亦有多览葛。""至少可以说，现代的多浪维吾尔人，就是《旧唐书》上记载的多览葛或多腊葛部落。"新疆维吾尔自治区民族事务委员会编《新疆民族词典》及刘维新主编《西北民族词典》皆从此说："'多览葛'是铁勒族的一个部落，又译为多滥葛、多澜、多腊葛。隋唐时期，其人即分东西两部。东部多览葛游牧于同罗水（今蒙古高原的土拉河）旁，人口较多，有一万余户，先属突厥汗国，后属薛延陀汗国。薛延陀汗国灭亡后，多览葛首领多滥葛末遣使归唐，唐朝在其地设燕然都督。其死后，又以其子多滥葛塞匐为大俟利发、燕然都督。回纥汗国强盛时，又从属于回纥汗国。西部多览葛游牧于焉耆以西的巴音布鲁克草原，先属西突厥，后归唐朝，回鹘汗国统一西域后，又属回鹘汗国。蒙古高原的多览葛在元朝被译为多浪、多兰，由巴音布鲁克草原向南迁到新疆阿克苏、焉耆等地，逐渐由游牧改营农业，融合于维吾尔族中。"

1988年，中央民族大学关也维教授在《从音乐民族学角度试探"多兰"及其音乐》一文中作出如下结论：

1. 7世纪时，漠北草原上的维吾尔人先民的15个部落中，"多览葛"是其中较大部落之一。

2. "多滥"、"多览葛"与今新疆南部的"多兰"、"多郎"原语一致，汉语音译亦同，只是用字有异而已。可知新疆麦盖提、阿瓦提、沙雅一带的多兰人，即是原居住在漠北草原上土拉河畔

的"多滥"、"多览葛"。

3. 9世纪中叶，大批维吾尔人西迁，多兰部落随之进入新疆。在近代维吾尔民族的形成过程中，他们仍是维吾尔人的一个支系，溯其族源当与匈奴有关。

土耳其说

"据英国学者乔伊斯对新疆、西藏及邻近地区居民的人体特征资料进行研究，认为可能存在如下几个人类学类型：Ⅰ类型是颅型很短的白肤色人种。其身高偏低，鼻细而突起，脸型长而椭圆，头发褐色，也有黑发，波形发，再生毛浓密等。这是阿尔宾人种。Ⅱ类型也是白肤色人种，但肤色有些趋向黑色，颅型很短，身高偏低，鼻较宽而呈直形，颧骨宽，深色发欠浓密，眼珠浅黑色。这是土耳其人种。"Ⅲ、Ⅳ、Ⅴ类型略。

"苏联学者切博克萨罗夫在分析乔伊斯的调查资料时指出，上述第一个类型（乔伊斯所说的阿尔宾人种）相当于欧洲人种的帕米尔—费尔干类型（或叫中亚两河类型）。这个类型在萨尔科尔人（塔吉克族）和叶尔羌河的巴楚人以及和田、于田、塔克拉玛干沙漠南部临近地的维吾尔族中表现得最为明显。乔伊斯所说的第二个类型（土耳其人种）则相当于南西伯利亚人种。这个类型沿叶尔羌河中游，在吉尔吉斯斯坦人、多兰人中，以及柯坪、阿克苏和法扎巴德等地的维吾尔人中居多，在哈密、吐鲁番和库尔勒等地的维吾尔人中也可以追寻到南西伯利亚人种因素的混杂。"

英籍匈牙利人——多次来新疆做过探险考察的知名学者斯坦因认为，多郎人是土耳其人的后裔："我们行抵那遥远的阿克苏沙漠……夏季的酷热已经开始来临了。所以我对于从西北来托什干河两岸狭窄的耕种地带无古迹可发掘一事全然不愁。此地在古代似乎不甚重要，现在之所以有这样许多人口，乃是后来一种属于半游牧性土耳其部落不为人知的多兰人移植到此而成的。"

蒙古说及蒙古、突厥融合说

持此说的学者较多，但具体说法又有不同："塔里木盆地自9世纪突厥民族大量地迁入之后，发生过很多次人种的混战，而其结果则是战争之后人种的混合。大批的蒙古人占据了西辽的几个繁华的城市，他们在喀什噶尔建立了政治的中枢，在喀什噶尔河、叶尔羌河与阿克苏河交结点驻扎了大批的牧民。他们以征服者优秀的身份与当地的土著民族以及大批的维吾尔人发生血统上的关系，产生了现在散布于叶尔羌河与喀什噶尔河附近的所谓的'都兰人'。"

据史料记载，成吉思汗率蒙古部众消灭西辽之后，将其故地分给了自己的第二个儿子察合台，后来察合台汗的后代藉此组建了察合台汗国。14世纪，察合台汗国分裂为东西两部分，其东部亦即天山南北诸地处在实力强盛的蒙古朵豁剌惕（也称杜格拉特）部控制之下。有人认为，朵豁剌惕部即唐代的咄陆，一般认为是一个突厥化了的蒙古部落，还有的说即中亚的杜格拉特部。这些说法把多郎人的渊源和朵豁剌惕部落联系到了一起，认为"多郎"、"朵豁剌惕"、"杜格拉特"都是同一个词的不同音译。

新
疆
刀
郎

另一些学者认为多郎人是直至 18 世纪才被融进维吾尔族的西部蒙古卫拉特人："其实古代多郎人并非维吾尔人，而是迁移到南疆地区的一部分西蒙古厄鲁特人，至 18 世纪，他们才被维吾尔族逐渐融合。"

《新疆图志·建置四》写道，疏勒一带"其民多山北杂种，今唯乾隆时入教之卫拉特尚异其名，曰'惰兰'，余俱无别。"

"1876 年，库罗帕特金受沙俄总督冯·考夫曼的派遣，率领一个庞大的使团窜入新疆南部达半年之久，著有《喀什噶利亚》一书，曾提及多郎人的一些情况：玛喇尔巴什区（今巴楚——引者注）的哈拉克税是四万恰拉克。这个区计有 3000 户居民，都是朵兰人。他们是蒙古的一个部族。大约在一百五十年前，准噶尔统治期间，迁移到喀什噶利亚来的，这一部族定居在喀什噶尔河、叶尔羌河与和田河流域以及罗布泊附近地区。"

"1877 年库罗帕特金在给普尔热瓦尔斯墓的信中，又提到多郎人的情况：'玛勒巴什（上文之玛喇尔巴什——引者注）堡的周围居住着将近一百多都兰人，他们从事农业。经询问得知，都兰人为准噶尔来的移民，是一百多年前进入南疆的。有理由推断他们是卡尔梅克人（俄罗斯人对卫拉特蒙古人的称谓——引者注）。'

据传说，他们迁到南疆来的有四万多家，分散居住在这个地方的一些主要河流的沿岸，一支到罗布泊，另一支到了和田。

再往前，在库车城外，在布古尔（今轮台县一带——引者注）和英吉沙（今轮台县所辖之阳霞乡——引者注），我们又遇到了都兰人。经询问才知道，他们是几十年前从玛勒巴什迁到这些村落的。"

"蒙古族著名的舞蹈，名叫'倒喇'……多朗舞来源于倒喇舞，而多朗正是倒喇一语的音转。"

"多兰人是清代维吾尔人的一部分。多兰最初（1755 年）出现在清文献中还是一个地名（《平定准噶尔方略》卷十四）。所谓

'多兰'地区在阿克苏南，塔里木河畔。以后清朝文献中时有'多伦'、'惰兰'、'道兰'、'朵兰'之记载，清朝官员奏报曰：'此等回人，以迁徙为常，性习与各城有异。'（《平定准噶尔方略》卷七十五）多兰人主要生活在巴尔楚克（巴楚——引者注）和阿克苏之间塔里木河畔，经过清朝政府有组织地迁徙，多兰人又分布到库尔勒、布古尔（轮台）、策达雅尔（轮台县所辖策达雅乡——引者注）、洋杂尔（轮台县所辖阳霞乡——引者注）乃至伊犁地区。此外和田亦有少量分布。"

"多兰人自称蒙兀尔人，来自7个种姓。蒙古书面语的'7'发音为'dolaran'，土尔扈特语念'dolan'。18世纪欧洲旅行家记述，多兰人依然穿着稍微改变了的蒙古式衣服，长袍宽襟，蹬着高跟长皮靴，圆面高颧，尤其妇女依然保持着蒙古族的面貌。多兰人信仰伊斯兰教，语言基本上与维吾尔语相通，但有自己的特点，既有蒙古词汇又能找到柯尔克孜族的所有因素。有人认为是一种独立的语言，或曰'多兰语'，也有人认为基本上属于维吾尔语的罗布方言（或东部方言）。"

"麦盖提的维吾尔民族中,有多浪人。13世纪,成吉思汗征服新疆后,南疆地区成为成吉思汗次子察合台封地的一部分。察合台又把天山以南部分地区封给了总管杜格拉特部。当时麦盖提人烟稀少,森林遍地,土地肥沃,百草繁茂,成为蒙古游牧部落居住、生活、放牧的好地方,一部分蒙古人便定居下来。17世纪,准噶尔统治新疆时期,西蒙古厄鲁特人迁移到南疆,其中一部分移居麦盖提。经过长期交错居住,共同生产和生活,逐渐与维吾尔族融合,称之为'多浪人'。"

混成说

至今,在麦盖提一带还有这样的说法在民间流传:"几百年前,在麦盖提这块古老的土地上,从和田来了一部分人被称之为'其尼玛其';从塔里木来了一部分人被称之为'托克托尔其';从哈密来了一部分人被称之为'哈克尼其;从青海来了一部分人被称之为'巴尔多尼其'。这几部分人先后来到麦盖提,从此便开始在这里生活繁衍直至今天。"

这虽为民间传说,却与历史记载基本吻合。从14世纪末至16世纪末的两百余年的战乱期间,曾先后有许多地方的移民,一批一批地陆陆续续地迁移到塔里木河流域的荒远地带。有的远从甘肃、青海迁移到这里,有的从和田、哈密、莎车等地而来。人们便把所有生活在这一地带的人统称为'多朗人'('多朗'在维吾尔语里解释为'一堆一堆'的意思)。塔里木河也因此而被称为'多朗河'了。"

杜激川先生的这种说法为"混成说"中的"外来派"。

"塔里木盆地古代的土著居民是维吾尔族族源之一。公元前3000年的新石器时代,境内(本引文中的'境内',皆指今巴楚县境内——引者注)就有人类生存活动。公元前100年~公元1

年，境内主要生活着塞种人，隋唐以来的突厥葛逻禄样磨部之巴尔楚克部落驻牧此地。唐开成五年（840年），原游牧于蒙古高原的回鹘人大举西迁，其中一部分在巴楚定居，影响和同化当地的土著居民，10世纪喀喇汗王朝兴起后，回鹘与当地土著的同化速度加快。伊斯兰教的传入促进了各部族的融合。13世纪蒙古兴起后，随着其势力的西进，朵豁刺惕等部蒙古人也迁居县境，至16世纪叶尔羌汗国时期，已融合于本地居民之中。由于叶尔羌河沿岸的自然和历史影响，这一带维吾尔人与南疆其他地区维吾尔人相比，在生活习俗等方面表现出浓郁的地域特色，被称为'多郎人'。"

此外，在一些著作中还可以看到零星的有关"多朗人"的世居区域和生活习俗、语言特点等各方面的描绘和论述：

"'刀郎'是麦盖提县的古地名。麦盖提地处塔克拉玛干大沙漠的西北边缘。过去这里沙丘连绵，碱坑遍地，到处生长着梧桐、红柳以及央塔克（骆驼刺）和阿克提干（一种白色的荆棘草——

新疆刀郎

引者注）等野草。人们按部落分散居住在几块林木茂密、水草丰美的绿窝子里，以狩猎和放牧为主。大家开始将一块块分居之处称为'刀莱'。'刀莱'相当汉语里的词语'成堆'。后来由于语音的演变，'刀莱'渐渐叫成了'刀郎'。于是，居住在这里的维吾尔族人便自称'刀郎人'，他们把叶尔羌河流经这里的一段称作'刀朗河'，把盛行于这里的舞蹈称作'刀郎舞'，把这里的民歌称作'刀郎歌'，把生长在这里的姑娘、媳妇也称作'刀郎女'。"

"现在的麦盖提县实际上就是原来的'刀郎'，意思是'部落、村'或'一群一群集中的村落'。"

"还有人认为，多伦人包括蒙兀尔人、吉利吉思（柯尔克孜）人、罗布诺尔人等各种民族和部落成分。清初，由于受准噶尔人的排斥，他们从喀喇沙尔（今焉耆）等地沿塔里木河向西迁徙，后聚居在巴尔楚克、阿克苏等地……清朝政府统一新疆后，相当一部分多伦人迁至库尔勒、布古尔（今轮台县）、伊犁等地……其后裔现主要聚居在麦盖提、巴楚、莎车、阿瓦提各县。"

"朵兰人分属阿克苏、叶尔羌和焉耆管辖。阿克苏、叶尔羌的朵兰人住在喀什噶尔河和叶尔羌河一带，有几个大镇，其中较出名的：巴尔楚克，驻有清朝军队；巴楚、焉耆的朵兰人住在库尔勒；轮台朵兰人为和卓的农奴。他们与其他地方的新疆人的不同之处是口音和妇女头裹的头巾，这种装束与吉利吉斯妇女相仿。"

"在沙漠绿洲中的人们，其族别很多，有缠回（维吾尔人）、汉回（东干人）和朵兰人等。"

"在新疆全境两处地方的人具有吃鱼的古老习俗：一是在马勃拉西（疑为'马拉勃西'，即巴楚县维吾尔语称谓之笔误——引者）周围，塔里木河经过之处，鱼类极多，以供朵兰人受用；二是罗布泊附近居民都吃鱼，并以鱼为生活，无论干鱼和鲜鱼都吃。最奇的，在罗布泊一带的居民及朵兰人，相似其他一些民族，而非维吾尔族。"

"因空气中水分缺乏，畜牧业遂也囿于狭隘的水草地带。凡此地带，有史以来除如现时叶尔羌河一带的多浪人、塔里木河下流的罗布泊人等小集团外，从未有游牧存在的可能。"

"都兰人都有一副不属于突厥人种的面貌，他们圆面高颧（尤其妇女），依然保存着蒙古人的面型，尤其值得提出的，是他们没有像突厥人那样过多的浓厚的胡须。"

"都兰人的风俗与习惯与维吾尔人不同，维吾尔人的宗教习惯，女人都必须蒙面纱，而且男女之间'授受不亲'，但是都兰人却不如此。妇女们不蒙面纱，男女之间没有避嫌的态度，女子可以以主人的身份招待邻近的客人与远方的来宾。在工余之暇，男女可以围坐在一起，任情地谈笑和歌舞。都兰人是豪爽的，保持着原始的本性。"

"巴楚附近另有一多兰人的居留地，位置在塔里木河和喀什噶尔河将要相通的地方，天山最后支脉的那些孤独的石山，像岛屿一样耸立在至今有些处所，尤其是沼泽和广大平原之中。"

"从巴楚县南部的确库克卡克（现名琼库尔恰克——引者注）、新渠（现名英吾斯塘——引者注）、阿瓦提的乡村向南延伸，直到莎车县的阿勒买提（现名阿拉买提——引者注）、阿瓦提、伊利西库公社（现为艾力西湖镇——引者注）这一地区，被人们称为'刀郎地区'。"

"这儿原先是长着胡杨的荒滩，打猎、放牧条件很好。因此，生活在这里的维吾尔人能够在一个相当长的时期内，继续他们古老的行业打猎和放牧。其后，虽然农业在提孜那甫河、叶尔羌河岸占优势，但在这个地方人们的风俗习惯中，却保留了自己古老行业的深深痕迹。现在刀郎地区人民怀着极大兴趣进行的鹰猎、犬猎、叼羊等活动，就是那古老行业的残迹。"

"在刀郎地区，宗教影响不大，特别是在妇女的社会地位和权利方面，与新疆其他地方有所不同。这里的妇女和男人们一

新疆刀郎

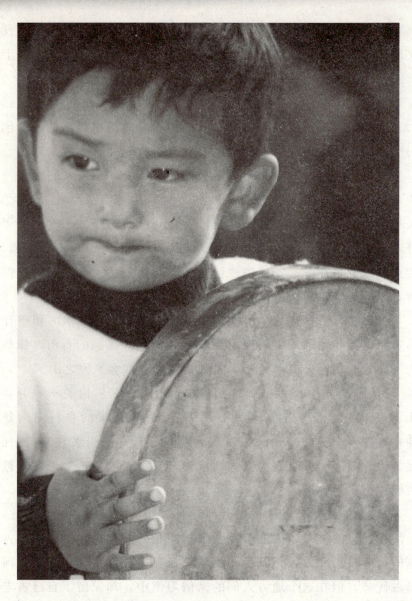

样，参加各种活动，妇女出门没有蒙面纱的习惯。"

　　还有不少学者记述了"刀郎人"对音乐、舞蹈的特殊爱好和特殊才能：

　　"多伦人能歌善舞。""在节假日里、在丰收之后、在婚礼上、在一切人们高兴的时候，能歌善舞的人们成群结队地聚集在一起，举行麦西来甫，跳起刀郎舞。"

"……同时在塔克拉玛干边缘的中心地区，伊斯兰教传入后没有像其他地区那样，在乐曲、乐器、歌舞等方面也没受到限制。因此，这个地区古代的乐器和民歌曲调就保留得较为完整。"

"刀郎人民特别喜爱麦西来甫，可以说这个地区 7～60 岁的男女，都爱好麦西来甫。刀郎人说'没有麦西来甫的生活，是没有味儿的生活。'"

著名瑞典探险家斯文·赫定博士在《亚洲腹地旅行记》中，记载了他于 1899 年 9 月在麦盖提所举行的晚宴上的歌舞盛况：

"晚上我邀请我的工人和本地的居民举行一次宴会。中国式的灯笼在帐篷间照耀着，皮鼓与弦索的声音相赌赛，舞女们穿着白的衣裳，拖着长辫子，戴着尖帽，赤着脚围绕一架融融的火堆跳舞，庆闹的情绪笼罩着叶尔羌河岸。"

斯文·赫定在 1895 年的另一次探险活动中，还曾经有过被沿用至今的"巴克希"做法时用歌舞（又称"匹尔洪"）治头痛病的经历：

"3 月 19 日我们把驻地扎在大河右岸的麦盖提村内，这里做了我们一个时期的大本营。"

"在这我害了几天头痛病的当中，图达·柯札（村长）向我提议，让村中的禳鬼者给我医治。""3 个有胡须的大汉走进我房里，坐在地上，开始用手指、拳头和手面来作弄他们的鼓，鼓上的牛皮绷得像金属板一样的紧。他们为塞耳的震憾声和愈来愈强的高音所煽动，跳起身来舞蹈着，同时把鼓往空中扔，'咚'的一声打了一响又提到手里。他们就这样捉弄了一个小时之久。在驱禳的工作完了之后，我感到自己很是好了些，但我的耳朵第二天一整天都在半聋的状态中。"

无独有偶，继鹿在《民初新疆大疫及当时医药卫生情况》一文中也记述了相同的活动："刀浪人的祈神方式和关内的'师公子跳神'相仿佛，他们以两手中指打着一个圆面的扁鼓（略似伴舞的手鼓），口中哼声急唱，围着病人跳舞，节奏越来越快，以致头昏倒地方止。"

如何分辨上述各种看法和说法的正确与否呢？我想只有通过对实际情况的亲自考察，才是惟一可行的途径。为此，笔者曾3次去麦盖提、3次去到阿瓦提、6次去到莎车、1次去巴楚。特别在本次课题组下乡做田野调查的过程中，都对有关刀郎、刀郎人及刀郎音乐文化等方面的情况进行了较为深入细致的考察，得到了不少新的收获。

阿瓦提县老艺人买木托拉·尼亚孜说，"刀郎"一词由塔拉（意为"野外"）或达拉（意为"原野"）演变而来，因为刀郎人生活在远离城镇的确尔（意为"戈壁滩"）、巴亚宛（意为"荒漠"）上和江尕尔（意为"灌木林、薪炭林"）、托卡衣（意为"灌木丛"）中，刀郎人的原居地为叶尔羌河沿岸，兼事农、牧、狩猎业。过去的刀郎人住在木头架起的窝棚里，二三十个窝棚组成一个村。据说共有72000木屋刀郎。如有重大事件要召集，就敲纳格拉鼓（因鼓身多为生铁铸就而曾被译作"铁鼓"，上蒙羊皮，大、小两只成一对，用双杖敲击）。现在与阿瓦提县隔阿克苏河相邻的阿克苏市哈拉塔乡内仍有一处地名为"纳格拉赫那"（意为"存放纳格拉的房子"）。刀郎人擅长用胡杨树干做各种用具：餐具、独木舟，木房的梁、柱，甚至是纳格拉鼓的鼓身。

阿瓦提县木卡姆学者买买提·乌斯曼认为，"刀浪"一词源自古代高车中的"多伦"部落，说明"刀浪人"和维吾尔人的远祖丁零、高车有着血缘关系。"刀郎人"中有些人分别自称"葛逻禄刀郎"、"麻哈尔多浪"，可能说明分别源自古代的葛逻禄部落和蒙兀儿部落。也有些刀郎人因过去居住在木头制作的简易窝棚中而自称"牙哈其乌依勒克刀郎"（意为"木屋刀郎"）。

巴楚县文管所所长吐尔洪·热合曼说，巴楚古代叫巴尔楚克，据《突尼斯大词典》记载已有 3000 多年的历史。原来的居民是塞伽族部落，后来匈奴、突厥人也来到此地。他们都崇拜星星、火和光明。蒙古人来了之后融合成"刀郎人"。"刀郎"一词为"七个部落"之意。

沙依木·达吾提、沙迪克·阿吾提等巴楚县民间艺人都认为"刀郎"是"一堆一堆"的意思。刀郎人沿叶尔羌河，在戈壁上挖地窝子居住，牧业和狩猎在他们的生活中占有着重要的位置。

在麦盖提县举行的座谈会上，主要参加者都来自以《刀郎木卡姆》闻名四方的央塔克乡。"央塔克"意为"盛长骆驼刺的地方"，可见此地原来是一片宽旷的原野。据他们说，央塔克以前有自己的方言，如毛帽称"特里排克"、花帽称"帛克"、皮鞋称"克皮僮"、坎肩称"炔及买克"、褡裢称"它里坎单"、蔓菁称"模克"、绿豆称"楼维亚"、马驹称"都兰"、小毛驴称"呼台各"、院落称"达廊"、屋柱称"苏库玛"、梯子称"把思库"等。央塔克人在生活习俗上也有自己的特点。

笔者注意到，阿瓦提、巴楚、麦盖提三县的居民相貌肤色各异：有浓须者，有无须者；有白皙者，有黄黑者；有深目耸鼻者，有脸部扁平者；有偏于欧洲人种者，有接近蒙古人种者。这些也许恰恰充分印证了刀郎人血缘方面显著的"混成性"特点。伊斯兰教现在虽然已成为刀郎人的普遍信仰（在本次田野采风的过程中，巴楚县的几位老艺人几次要求中断录音，以便他们按时做礼拜），但在该三县城乡几乎看不到戴面纱的妇女，头缠"赛莱"、身着长袍的男性宗教人士也比喀什、莎车等地少。现代刀郎人的生产方式从总体上来看，以绿洲农耕为主，专事或兼事牧、猎、渔者也为数不少。

综上所述，可归纳为以下几点：

1. 绝大多数学者都认为刀郎人是维吾尔族的一个组成部分。

新疆刀郎

2. 《维吾尔族简史》中说："维吾尔族的形成和发展同其他许多民族一样，曾经经历了一个漫长的历史过程。在此过程中，它曾融合了漠北草原的一部分古代民族和新疆的一部分古代民族，由一个人口不多、分布地区有限的民族发展成一个具有自己特点的民族。后来，这种融合继续进行，而且在融合的过程中吸取了新疆古代民族和其他民族的优秀传统，最后终于形成现代的维吾尔族。"作为维吾尔族一个组成部分的

刀郎人，同样在血缘上具有典型的"混成性"。因此，我们不主张把刀郎人简单地和某一个古代民族、部落相等同。

3. 从草原牧猎到绿洲农耕是一个重要的"文化转型"过程。作为维吾尔民族重要组成部分之一的刀郎人也经历了这一过程。一部分刀郎人的转型时间相对其他维吾尔人要晚得多。作为绿洲农业补充的牧、猎、渔业就必然在现代刀郎人生活中占有相当的比例。

4. 现在，刀郎人主要分布在叶尔羌河、喀什噶尔河、阿克苏河、和田河以及这4条河流汇合而成的塔里木河两岸的片片绿洲之上，过村落簇居生活。刀郎人最为集中的聚居地为被称作"刀郎地区"的麦盖提、巴楚、阿瓦提三县以及邻近的莎车县。沙雅、轮台、库尔勒等塔里木河沿岸县市也能见到刀郎人的后裔。

（摘自周吉著《刀郎木卡姆的生态与形态研究》）

关于木卡姆

　　木卡姆是广泛流传在中亚、西亚、南亚、北非等以绿洲农耕为主要生产方式的民族中间的一种音乐现象。据今所知，除了中国新疆的维吾尔、乌孜别克、塔吉克这3个民族外，在乌兹别克斯坦、塔吉克斯坦、阿富汗、巴基斯坦、阿塞拜疆、土库曼、克什米尔、印度、伊朗、土耳其、伊拉克、叙利亚、埃及、摩洛哥、阿尔及利亚、突尼斯、利比亚、毛里塔尼亚等国家和地区的一些民族中间也都有不同的"木卡姆音乐"存在。有些国家和地区对其还有别的称谓，如印度、巴基斯坦称"拉格"，克什米尔称"卡拉姆"，伊朗称"达斯坦加赫"，叙利亚称"穆瓦莎赫"，埃及称"多尔"，摩洛哥、阿尔及利亚、突尼斯、利比亚称"努巴"等。至于"马卡姆"、"玛卡玛"，则都是"木卡姆"一词在不同语言中的不同发音或不同译音。

　　"木卡姆"是一个源于阿拉伯语的词语。对于这个词，中外学者有着多种不同的诠释。例如，认为"木卡姆"指的是中世纪伊斯兰帝国王宫里歌唱家们在哈里发（伊斯兰帝国元首）面前歌唱时站立的位置。这个位置往往在很高的台阶上，所以"木卡姆"的本意为"最高的位置"。持这种"位置说"的有欧洲东方学家艾德尔逊、日本音乐学家岸边成雄等。

突尼斯音乐学家马赫迪认为，"木卡姆"在古阿拉伯语中是"声音"的意思，后来转义为"乐音"。因为每一个具体的乐音都和阿拉伯人古代使用的一种弹拨乐器乌德琴上的指位有关联，"木卡姆"一词又转义为"位置"，即乌德琴上的指位。不同的指位按弦索所发出的不同乐音必然会组合成不同的音阶和调式，"木卡姆"一词便具有了"调式"的含义，如《苏联大百科全书·音乐卷》1976年版中称"木卡姆"是"阿拉伯和伊朗音乐中的调式"。

也有学者认为，"木卡姆"由"麦嘎麦"一词演变而来。"麦嘎麦"原指10世纪阿拉伯文坛兴起的一种文学体裁，这类文学作品是一种讲述戏剧性故事的押韵散文，可以填在音乐中叙唱。

这些音乐由单独的小曲按照所讲述的故事汇集成套曲之后也被称作"麦嘎麦",后来演变为"木卡姆"。这种说法可以被称作"套曲说",为世界各国不少音乐学家所接受。从目前掌握的材料来看,各国家、地区所流传的木卡姆基本上都属于声乐、器乐套曲。

"乐种说"是中国音乐学界提出来的。20世纪50年代,中国的各民族传统音乐被分为"民间歌曲"、"民间器乐曲"、"民间歌舞曲"、"说唱音乐"、"戏曲音乐"5大类。《十二木卡姆》很难按这种分类法对号入座,便被有些音乐学者称之为"特殊的乐种"。

还有些学者,如现任德国比较音乐研究所所长巴勒斯坦音乐学家哈比卜·哈桑·托玛等认为,"木卡姆"是一种即兴演奏或演唱的音乐表现形式,中国也有一些学者同意这种"演唱(奏)方法说"。

在维吾尔族民间,习惯把节奏自由的散板序唱或序奏泛称为"木卡姆",这样就引出了"木卡姆"这一词语的"散板说"(见《中国音乐辞典》)。在另一些时候,维吾尔语中的"木卡姆"又有着"曲调"或"规范"、"情理"的意思。

笔者认为,上述各种对于"木卡姆"这一词语的诠释都有一定的道理,又都只强调了问题的一个方面。因为各国家、各地区、各民族甚至相同民族不同地区所流传的都被称作"木卡姆"的音乐在题材、体裁、结构、使用乐器、音乐形态特点等各个方面都有着很大的差异,就应当允许各国家、各地区、各民族的音乐家们根据当地"木卡姆"的不同实际对这一词语作出不同的诠释。就中国新疆维吾尔族而言,"木卡姆"指的是一种集歌、舞、乐于一体的,演唱(奏)时具有相当程度即兴性的套曲。

大部分学者认为,"木卡姆"这一词语被作为音乐术语始于13世纪阿塞拜疆著名音乐家苏菲丁·艾尔玛威,至迟于14世纪,

这个名词已经在古代西域被广泛采用。元末明初陶宗仪所著的《南村辍耕录》卷二十八中有着"回回曲（附）：伉里、马黑某当当、清泉当当"的记载，其中的"马黑某"极有可能是"木卡姆"一词的不同音译，说明木卡姆音乐在 14 世纪可能已经传到中原。

　　国内外一些学者仅仅从存在木卡姆音乐的国家、地区和民族都信奉伊斯兰教这一现象出发，简单地把木卡姆归入"伊斯兰文化"的范畴，从而忽视了生态环境对于音乐文化的影响。如果我们认真地对存在"木卡姆"的国家和地区进行考察，就会发现木卡姆是"绿洲穆斯林"的专利，而与生活在中亚的哈萨克族、柯尔克孜族等"草原穆斯林"及印度尼西亚、马来西亚等"湿润亚洲"、以沿海平原农耕和渔猎为主要生产方式的穆斯林们无涉。笔者通过多年的研究，认为"木卡姆"是"绿洲文化"的典型产物，它分布在联结亚、非、欧三大洲的"链状绿洲带"。这里特有的生态环境、地理位置和古老文明的历史积淀，才是产生"木

卡姆"音乐现象的根本原因。

这条"链状绿洲带"东连华夏，西接地中海沿岸。正是由于它的存在才保证了"绿洲丝绸之路"的畅通，使得中国、印度、波斯、巴比伦、埃及、希腊、罗马等东西方文明有了交流、撞击、荟萃的机会。

绿洲人的生存条件极端严酷，温带内陆性气候和热带沙漠性气候以天旱少雨、风沙弥漫著称于世，大小不一的绿色生命岛屿被崇山峻岭、戈壁瀚海所包绕。在这里生活的人民只要一离开绿色的怀抱，就要饱受烈日炙烤、风沙袭击、饥渴煎熬之苦。在天山、昆仑、兴都库什、厄尔布士、库尔德、阿特拉斯等山脉腹地，在塔克拉玛干、卡拉库姆、克孜尔库姆、卡维尔、内格夫、鲁卜哈利、撒哈拉等大沙漠之中，极度的孤独与难以预料的艰难和危险几乎时刻都伴随着每一个旅行者。艰苦的自然环境使得绿洲人只有互相照应才能共同生存。饱尝孤寂之苦的绿洲人对感情倾诉、交流和慰藉的最重要手段——音乐有着特殊的爱好和才能，聚集、定居的生活条件又为经常举行与音乐有关的各种群众性活动提供了可能。单独的、篇幅过短的民间歌曲、歌舞曲不能满足参加这些集会的人们的需要，于是连缀式或同主题发展式的民歌套曲、民间歌舞套曲应运而生。这便是"木卡姆"音乐的最初缘起。

由于自然条件（主要是水资源极度缺乏）的制约，绿洲农业

新疆刀郎

不可能无限度地发展，当地的生产力只有依靠与其他绿洲或其他生产地区的交往才能得到突破性发展。诚如日本历史学家松田寿男先生所言，绿洲地区"克服了沙漠的艰难险阻的商队的发展是极其自然的事"，"商队必然要成为伴生于绿洲农业的另一种重要的生产方式"。一颗颗珍珠串成项链会更加光彩夺目，一块块绿洲连成商路之后则更加显示了它的价值：农业社会增加了贸易的因素，成为中转市场。"绿洲内的村落，呈现了商业都市的面貌，商业利润推动了其国家，使绿洲国家成了商业国。随着与外国交往的不断加深，从各方面渗入了异国的文化使绿洲国家的文化变得丰富起来。"

经过不断的筛选，各绿洲之间的条条商路被联结成了东西方陆上交通的大动脉——丝绸之路，它的开通为绿洲音乐文化的发展提供了必要的经济基础和物质保证：一些杰出的民间乐手进入宫廷、富宅或寺院，成了专业或半专业的艺人，民间音乐得到了整理、规范、提高和升华的机会，与商业市场的繁荣同步发展的手工业为多种乐器的问世准备了技术力量。上述诸种因素和通过"绿洲丝绸之路"带来的东、西、南、北音乐文化的影响，对于木卡姆音乐的最终形成都起到了"催化"作用。

史籍记载和考古结果证明：古代埃及、巴比伦、波斯、印度和中亚各地（包括古代被称作"西域"的塔里木盆地）都有着高度发达的音乐文化。时至中国的汉唐时期，以《龟兹乐》、《疏勒乐》、《高昌乐》为代表的西域乐舞步入鼎盛，这些西域乐部都属于包括歌曲、舞曲和被称为"解曲"的器乐曲的大型套曲。虽然我们还没有足够的理由说明西域乐舞和维吾尔木卡姆音乐之间的直接关系，但是，诚如中国著名音乐学家黄翔鹏先生所言："传统是一条河流"，在当代维吾尔木卡姆音乐中必然存在着维吾尔人的先民所创造的西域乐舞的影响和痕迹。中国另一位著名音乐学家赵宋光先生潜心研究草原音乐文化多年，他曾经断言："正

如古老的旋律在流传后世的过程中会一再更换歌名一样，创造草原文化的广大劳动阶层作为民族也曾经一再改变称谓，而所创造的文化却绵延不绝，一代胜于一代，从未随着古老民族称谓的消匿而亡失"。这一真知灼见难道不同样地适用于塔里木盆地古往今来的绿洲文化吗？

由于条件所限，我们对中外木卡姆的比较研究还开展得十分不够，对各国家、各地区、各民族木卡姆之间的异同的论述尚处于浅表的阶段，甚至一个民族不同地区所流传的木卡姆（如维吾尔族《十二木卡姆》与各地方木卡姆）的比较研究也还刚刚起步，它们之间的相互影响、相互关系更有一些有待解开的谜团。对各绿洲国家、地区和民族的木卡姆音乐现象进行系统的搜集、整理，经过科学、详尽的比较研究找出它们之间的异同，并与其他社会学科的专家学者共同合作，在生态环境、地理位置、历史积淀等各方面找出其内在的联系，是摆在我们面前的共同的艰巨的任务。

（摘自周吉著《刀郎木卡姆的生态与形态研究》）

新疆刀郎

《刀郎木卡姆》的表演及与
其共生的各种娱乐活动

　　《刀郎木卡姆》的主要表演场合，是在刀郎地区经常可见的各种麦西来甫。

　　"麦西来甫"源自阿拉伯语，意为"聚会、场所"，现在维吾尔族民间专门用来称谓群众性的娱乐活动。

　　从史籍记载和残存的洞窟壁画、出土文物中，我们都可以看到维吾尔族的先民们古而有之的对歌舞等各种娱乐活动的特殊爱好。

　　《魏书·高车传》载："高宗时，五部高车合聚祭天，众至数万。大会，走马杀牲，游绕歌吟，忻忻其俗。称自前世以来无盛于此会。车驾临幸，莫不忻悦。"可见作为维吾尔族先民之一的高车部落所举行的群众性娱乐活动规模之大。《隋书·突厥传》云："男子好樗蒲，女子踏鞠。饮马酪取醉，歌呼相对。"说明歌舞在突厥、

回纥等漠北诸部的社会生活中均具有重要位置。

《新唐书·西域传》中有焉耆"俗尚娱邀",龟兹"俗善歌舞",于田"人喜歌舞"等记载,阐明西域各城邦国对歌舞娱乐有着共同的特殊爱好。《大唐西域记》中有关屈支(龟兹的另一种音译)国"管弦伎乐,特善诸国",瞿萨旦那(于田的别称)国"国尚乐音,人好歌舞"的记载更早就为人熟知。唐代史籍及诗文中还有许多有关浑脱、剑器、胡旋、胡腾、柘枝、达磨支、绿腰、苏合香等各种乐舞的记载和描绘咏赞。在克孜尔、库木吐拉、森木塞姆、克孜尔尕哈、柏孜克里克等石窟残存壁画及库车苏巴什古城出土的舍利盒壁绘、吐鲁番阿斯塔那古墓群出土的泥俑、木俑、纸、绢画及和田地区文管所收藏的泥俑中,都可以见到大量与乐舞有关的资料。

形成于9~10世纪的西域的回鹘文化所全面继承的漠北文化和古西域文化,必然包括上述歌舞娱乐活动在内,成书于喀喇汗王朝时期的《突厥语词典》中提到过名为索尔丘克和苏合迪提的晚会和冬天轮流举办的宴会,并引用民歌描述了这种晚会的活动情况:

> 所有的乐器都调好了丝弦,
>
> 酒壶和酒杯也都摆设齐全。
>
> 没有你啊,我心头惆怅,
>
> 来吧,让我们一起作乐寻欢。

由此可见在11世纪以前维吾尔族民间就已经有类似麦西来甫的群众娱乐活动形式存在。元、明、清各代,到过天山南麓的文人骚客也都留下了不少与歌舞活动有关的诗句。如"歌姝窈窕髯遮口,舞妓轻盈眼放光。"(元,耶律楚材)"舞女争呈于阗妆,歌辞尽协龟兹谱。"(明,曾)"山城是处有弦歌,"(清,纪昀)"五旦双弦应和多,天方新唱陌摩诃。铁腔鼓里吹芦哨,珠鲁翻成朱鹭歌。""度索寻橦绝伎兼,部分双引到重檐。锦襕红袜蹲蹲

新疆刀郎

舞，巧赴钢丝昔昔盐。"（清，王芑孙）等等。说明各种歌舞娱乐活动在历朝历代绿洲人的生活中一直占据着重要的位置。刀郎地区，因地处偏远，伊斯兰教的影响比其他维吾尔族聚居区小得多，男男女女更可以在一起纵情欢娱，麦西来甫活动就更加经常、频繁。

"刀郎麦西来甫"可以在室内、庭院、果园、野外等各种场合举行。为了在寒冷的冬季照常举行麦西来甫，一些较为富足的刀郎人家专门建有招待客人的特大房间。笔者在麦盖提县亲眼目睹过相当于中等规模礼堂大小的民居，它也许是新疆甚或中国之最，令人咋舌惊叹。

"刀郎麦西来甫"的名目繁多，按其不同的功能，大致可以归为以下几类：

1. 为庆祝节日而举行的巴依拉姆麦西来甫，又称"艾依特麦西来甫"。这些节日除与伊斯兰教有关的古尔邦节（又称宰牲节）、肉孜节（又称开斋节）外，还包括迎接新春的纳吾鲁孜节和与当今社会生活有关的国庆节、劳动节，等等。此时举办的麦西来甫规模宏大，气氛隆重。

2. 家庭遇到喜事而举行的托依麦西来甫。除男婚女嫁之外，年轻媳妇生第一个孩子被称作"巧干托依"、给孩子起名被称作"阿特托依"、男孩割礼被称作"逊乃特托依"或"依提姆托依"、女孩成年被称作"恰其伐克托依"（意为"到束发年龄的喜事"）等都被称作"托依"（意为"喜事"）。为示庆祝，当事人通常要举行麦西来甫，参加者多为亲朋好友，规模适中，气氛热烈。

3. 和农事、季节有关的麦西来甫。如：赛依莱麦西来甫（意为"郊游麦西来甫"，多在初春举行）、卡尔勒克麦西来甫（意为"迎雪麦西来甫"，一般在冬季第一场雪后举行，为表示"瑞雪兆丰年"之吉兆）、莫尔胡苏尔麦西来甫（意为"庆丰收麦西来甫"）、巴合麦西来甫（意为"果园麦西来甫"，常在瓜果成熟时节的果园里举行）、卡瓦泼麦西来甫（意为"烤肉麦西来甫"，为祝贺牧业丰收而举行）、在农闲时举行的卡塔尔麦西来甫（意为"轮流做东的麦西来甫"，为农闲时，住所相近、意味相投的乡亲们所共同操办。除了娱乐欢聚外，还兼有交流感情、增进友谊、协商公务、互相帮助的功能）等。

4. 与民俗活动有关的麦西来甫。这类麦西来甫又被称作"恰依麦西来甫"，"恰依"意为"喝茶"之意。如盖了新房子，主人要举行"塔姆恰依"（塔姆意为"墙壁"），又称"加依恰依"（加依意为"地方"、"住所"）；"约依恰依"（约依意为"房子"、"家"）；为给朋友送行举行"霍希里西希恰依"，为迎接客人举行"卡里希叶里希恰依"，两者又可被统称为"赛派尔恰依"（赛派尔意为"旅行"、"旅程"）；为请求原谅而举行"凯其里希恰依"；为了结恩怨、调解关系而举行"克里希土鲁希恰依"等。这些活动的规模都比较小，类似于时下流行的"家庭派对"，所以不一定被视作麦西来甫，但显然仍属于群众性歌舞娱乐活动，《刀郎木卡姆》仍是这类活动中的主要内容之一，所以我们仍将其视作小型麦西来甫。

麦西来甫的组织者被称作"依给脱别希"（意为"小伙子们的首领"），他常兼作整个麦西来甫活动的主持人。他的手下有几名助手：米尔瓦孜（又称米尔夏普），负责介绍各个节目和艺人，念说鼓动及赞颂的押韵词句以增加气氛，筹集和分配钱物；卡孜伯克（卡孜指执掌伊斯兰教规的法官，伯克原为旧时维吾尔族聚居区的官名，现也可作为对某人的尊称），负责检查纪律，并根据主持人及群众的意愿判决违纪者；衙役（维吾尔人对旧时在官衙里当差的人的称呼，为汉语音译）负责执行判决，实施惩罚。这一套比较严密的组织对维持麦西来甫的正常秩序和各种活动的顺利进行起着保证作用。

在各类麦西来甫上所进行的活动有餐饮、群众性的自娱歌舞、各类游戏、节目表演和"惩罚"等等。

餐饮的规格视季节、主办者的经济能力和兴办本次麦西来甫活动的目的而定。食品以茶水、瓜果为主，也常有烧熟的肉食和面点。

群众性的自娱歌舞在乃额曼奇（意为"乐师"）和达班迪（意为"鼓手"）的伴唱（奏）下进行，《刀郎木卡姆》是乃额曼奇在刀郎麦西来甫上的首选和最重要的乐曲。由此，我们把刀郎麦西来甫视作《刀郎木卡姆》最重要的表演场合。

视麦西来甫规模的不同，乃额曼奇和达班迪的人数可多可少。一般常见的组合是3～5名达班迪一边击鼓一边歌唱，其中担任领唱者为技艺上乘的"木卡姆奇"（意为"善唱木卡姆者"）。3名乃额曼奇分别演奏拉弦乐器刀郎艾捷克（意为"胡琴"）和拨弦乐器刀郎热瓦甫、卡龙琴。

达班迪们击打的达甫（意为"手鼓"），乃额曼奇演奏的刀郎艾捷克、刀郎热瓦甫、卡龙琴均由艺人中的心灵手巧者就地取材、自己动手制作。令音乐家们感兴趣的是，刀郎艾捷克、刀郎热瓦甫和卡龙琴常常不跟腔，而是根据乐师水平的高低围绕旋律作音型化的支声性、复调式伴奏，从而和达班迪们所唱出的高亢歌声、所击出的激越鼓声形成令人惊心动魄的交响。在乐曲的高潮，乃额曼奇们也会边演奏乐器边加入齐唱的行列或者另作大声呼喊，使气氛更加热烈。

不管是在室内还是在室外，参加刀郎麦西来甫的群众往往都坐成一圈，乐师们坐在一隅，在他们面前和贵客面前的餐布上摆满各种食品。待应邀参加的人员陆续到齐，一名木卡姆奇就开始边摇晃手中所执的达甫鼓边唱起《刀郎木卡姆》中的"木凯迪曼"部分，歌声提醒众人安静、注意，也是本次麦西来甫开始的信号。在第一部木卡姆（《巴希巴亚宛木卡姆》）中，担任领唱的木卡姆奇都以填唱"石歪安拉，石歪安拉"这一衬词的呼唤性曲调开始，然后接唱正词。在第一段散板乐曲的延长音上，达班迪们和乃额曼奇们也常以填唱"石歪安拉，石歪安拉"这一衬词的呼喊声相和。2、3段散板序唱之后，鼓声响起，乐曲进入"且克脱曼"部分。围坐的群众们纷纷成双成对进入圈中翩翩起舞。乐手们只唱（奏）而不跳，舞蹈者们只跳而不唱。所以，应该说《刀郎木卡姆》这种融歌舞于一体的传统艺术，是由乐师们和舞蹈者们共同完成的，具有强烈的群众性，是名副其实的"人民艺术"。

乐曲按"且克脱曼"、"赛乃姆"、"赛勒克"、"色勒利玛"的顺序展开，节奏越来越紧，舞姿也从端庄、优美而渐趋欢快、热烈。在麦盖提县和巴楚县，入圈起舞的男女老少在乐曲进入"赛勒克"部分之后，会主动边舞蹈边围成一个大型的圆圈队形共同行进。待到乐曲进入"色勒利玛"部分，舞蹈者们开始自身旋转。随着舞蹈者速度的加快和时间的延长，精疲力尽者或因晕眩而丧失旋转能力者渐次退场，最后只剩下一二名优胜者引来众人的欢呼呐喊，旋转比赛宣告结束。乐师们也就停止唱（奏），表示这一轮的歌舞活动已经完成。乐师们作片刻休息后，又从另一部《刀郎木卡姆》的"木凯迪曼"部分开始唱奏，第二轮歌舞复起。经过如此的几轮反复之后，为消除乐师们和歌舞者们的疲劳，麦西来甫便可暂时中止自娱歌舞阶段而进入游戏或节目表演阶段。

维吾尔人把游戏称作"乌晕"。在刀郎麦西来甫上常见的"乌晕"有：

1. 抢黛莱。这是一种检验和锻炼人的机敏性的形体游戏。"黛莱"原意为"教鞭"，在游戏前用布腰带缠绑而就。游戏开始前，主持人将黛莱放在托盘之中，将其交给晚会的任何一位参加者，表示请他带头玩这种游戏。拿到黛莱的人可以挑选在座的另一位晚会参加者（往往是异性）走入圈中一起进行"抢黛莱"的游戏。

游戏开始，两人相对而立，后来被邀请入圈的人要千方百计地从对方手中抢得黛莱，黛莱的原主人则可以从后面或侧面用黛莱抽打争抢者。因此，手持黛莱者转圈，抢黛莱者也得跟着转圈以免挨打。游戏双方敏捷的动作能招来众人的喝彩，两人因误会或"时间差"的碰撞更会引起众人的哄笑。这种游戏的结果往往是后入场者抢得黛莱或持黛莱者感到对方技高一筹而将黛莱主动转让，接到黛莱的人接着就邀请下一位一起重复上述同样的过程。麦盖提县的民间艺人们认为"黛莱乌晕"的起源和刀郎人的生活密切相关。因为刀郎地区多风沙，人们外出归来时往往沾得满身尘土，人们用布质的鞭子互相拍打对方的后背，才能将尘土清除。"黛莱乌晕"即从这种亲昵的拍打中演变而来。

2. 献茶联句。这种游戏多在男女青年之间进行。其过程是：由依给脱别希将两只提前准备好的小茶碗交给他选中的一位青年手里，并在碗中注入茶水。青年立刻将这两只盛有半碗茶水的小茶碗放在一只手上，并巧妙地从腋下转出而不洒一点水，然后唱一首民歌或念两句押韵的联句，将茶碗递给自己心中喜爱之人。

接茶者也要唱一首民歌或念两句押韵的联句方能接过碗来。然后再重复上述的程序。一对小碗如能绕遍全场，就会引起众人的欢呼。如参与者之中的某一位因技巧不娴熟而洒了水，就要罚他为众人表演节目或讲笑话。

3. 猜谜。由一人出谜，众人竞猜。猜中者得奖，猜不中者受罚。维吾尔人称之为"铁匹希麻克"。

4. 对诗。参加者一人一句，接诵民歌或即兴赋诗。维吾尔人称之为"比叶特欧若希"。猜谜和对诗都属于检验和锻炼人的智力的游戏。

游戏中还间或插有节目表演。在刀郎麦西来甫上能较为经常地看到的表演节目有以下几类：

1. 舞蹈类。包括哈孜乌苏尔（鹅舞）、吐该乌苏尔（骆驼舞）、阿尔亥麻克（意为"骏马"，也被称作"阿提乌苏尔"，意为"马舞"）等动物模拟舞及"纳孜尔孔木"模仿瘸子、拐子有缺陷者的滑稽舞蹈，还有塔希乌苏尔（击石舞）、其乃乌苏尔（顶碗舞）等持具舞，以及叼花、叼币、叼手帕等竞技舞和"高跷"等技艺舞等。

2. 歌舞表演类。主要有单人或双人载歌载舞、连说带唱、边舞蹈边表演的"来派尔"。其内容以赞颂家乡和表达男女爱情为主。

3. 说唱类。包括由达斯坦奇（意为"善唱史诗者"）为大家演唱《玉素甫与艾合买堤》、《艾里甫与赛乃姆》等以表现历史故事和男女爱情为内容的达斯坦（维吾尔族民间流传的一种有故事情节有人物贯穿的篇幅较长的说唱表演形式），由库夏克奇（意为"善唱库夏克者"）为大家演唱的"库夏克"（维吾尔族民间流传的另一种篇幅较短小，只有简单的情节、不一定有人物贯穿的说唱表演形式，常常以揭露各种丑恶现象为主要内容）和埃提西希等。

埃提西希是说唱类语言节目，可由一人表演，也可由双人表演。为了吸引观众，表演者要进行适当的化装，如男扮女装，穿不合时宜的服装，戴古怪的帽子等。多以夸张的词句和滑稽的表演引人发笑，富有喜剧色彩。如《霍加阿尔迪尔瓦克》（霍加此处意为"先生"、"老爷"，阿尔迪尔瓦克表示"衣衫褴褛"、"不修边幅"、"不拘小节"，亦可引申为"放肆"、"放荡"）《身子长一点，身子短一点》等都是刀郎麦西来甫上受群众欢迎的节目。1979 年，笔者去沙雅县托依堡乡体验生活时，在一次麦西来甫上曾看到过两位来自塔里木河南岸的男性刀郎老人所表演的埃提西希：一位老人披上头巾形同京剧中的"丑旦"，边念过门边滑稽地扭动身驱，手舞足蹈，另一位老人唱起歌质问她（他）昨天晚上为何不去水磨房赴约。两人通过语言、歌唱和动作打情骂俏，逗得在座的观众个个捧腹大笑。笔者当时就想起了唐代的"合生"这种由西域传入内地，以胡人擅长的有人物、有情节、有歌唱、有对白，半舞蹈、半动作的，被任半塘先生称之"乐则淫溺，辞则浅秽，而容则媟婥"，"以歌舞科白为表现，实为歌舞戏也"的艺术表演形式。

在刀郎麦西来甫上不守纪律者和破坏秩序者所受到的惩罚分"经济惩罚"和"动作惩罚"两种。

被判受"经济惩罚"的人或被要求拿出水果、食品供大家食用，或罚他举办一次"道歉麦西来甫"。"动作惩罚"的方式有"烤包子"、"灌面肺"、"榨油"、"照相"、"娶两个老婆"、"结疙瘩"等。这些惩罚实际上又都是一些供大家娱乐的游戏表演。下面介绍的是在刀郎麦西来甫上最常见的几种有趣的"惩罚游戏"。

○"墙上照相"——受罚者被剥光上衣，在两个"衙役"的押解下面对墙壁站定，并遵照命令将双手高举伸展，双手分开，"衙役"提来一桶凉水猛泼其身，他的一个完整的身影便留在了墙上。浑身湿透的受罚者像一只落汤鸡狼狈至极，引得群众捧腹大笑。

○ "烤包子"——受罚者被"押解"到群众所围成的圆圈当中,先左右轻摇他的头表示"罗面",然后在他的后背上做"揉面"的动作,再剥去他的上衣以示为"馕坑"点火,向他背上浇泼少量冷水意为"洒水炼炉",在他背上一下又一下地重拍表示往"馕坑"边上贴烤包子,最后,一下又一下拧他的后背,算是烤包子已经烤熟,要一个一个往外拿。担任"烤包子"角色的人动作夸张,令人发笑,受罚者备受捉弄,还得忍受肉体上的疼痛,狼狈不堪。

○ "一个男人和两个老婆"——这种惩罚主要针对那些在麦西来甫过程中趁火打劫、戏逗女性的个别男人。受罚者被"押"到场中之后,有两个装扮成女性的滑稽男青年分别站到他的两边,向他撩拨挑逗。当受罚者面向其中一个时,另一个男扮女装者便作出争风吃醋的样子,抓他的衣服。受罚者如果转过身来,另一侧的男扮女装者使用同样的动作表示抗议和争抢。受罚者被夹在两位"女性"的中间,左右为难,尴尬难忍。3人有趣的表

演引起群众阵阵哄堂大笑，又都从娱乐中受到了教育。

不难看出，上述的"惩罚游戏"都具有喜剧表演的色彩。这些惩罚游戏和埃提西希一样，都可以被视为"西域戏弄"式的幽默。

"戏弄"这一称谓，由中国已故著名敦煌学家任半塘先生首倡首用。任先生认为"弄"于技艺有关的意义有七：（1）使乐器发音成曲，曰弄；（2）振喉发音以歌唱，曰弄；（3）扮演某人、某种人或某种物之故事，以成戏剧，曰弄；（4）扮充某种角色，登场演出，曰弄；（5）训练或指挥物类，或牵引机械，使动作、表情以成戏剧，曰弄；（6）戏曲科白之中，对人作讽刺、调笑，甚至窘辱，曰弄；（7）综合后4种意义而应用之，其中所加调弄、嘲弄，甚至玩弄之成分，益为浓厚而明显，且不必皆施之于人，有时用以自嘲、自讽、自弄。刀郎麦西来甫上乐师们的唱、奏，为上述第一、第二种意义的"弄"；刀郎麦西来甫上的动物模拟舞及来派尔、埃提西希等歌舞、说唱表演，接近于上述第三、第四种意义的"弄"；刀郎麦西来甫上的惩罚游戏表演，又相似于上述后3种意义的"弄"，其中的调弄、嘲弄、玩弄成分无须赘言。任先生考证出唐代"胡乐部"中可见的戏弄有：代面、钵头、苏中郎、踏摇娘、羊头狮子、弄白马、益钱、五方狮子、弄参军、弄婆罗门、凉州曲、清乐胡乐。两部兼备的戏弄有弄假妇人、弄傀儡子等。这些都应该是唐代以前西域就已经存在的各类戏弄表演形式东传中原后留下的记录，自唐宋至元明清，它们逐渐发展、演变成了汉民族的戏曲。在西域戏弄的发源地——塔里木盆地四缘诸绿洲上，这种"以歌舞演故事"的原始戏曲是否还有遗存呢？现在可以肯定地回答："有！"这种源于生活、扎根民间、内容丰富、形式多样、表演生动，融唱、做、舞、对白于一体的，以轻松、活泼、幽默、戏噱为主要艺术表演形式的文化被维吾尔人一代又一代地传承下来，成为了他们调节生活、培养情操的重要手段，成为了他们精神食粮中必不可少的一个组成部分。

　　经过以上对刀郎麦西来甫较为全面、详尽的介绍之后，即可认识到麦西来甫所具有的各种功能：娱乐功能、感情交流功能、社会教育功能和协商公务功能、加强团结功能，等等。它是维吾尔族各种民间艺术的总汇。正是麦西来甫、米力斯（吐鲁番等地区举办的另一种群众性娱乐活动形式）、喔勒吐鲁希（意为"坐一坐"，新疆各维吾尔聚居区常见的较为小型的融聚餐与歌、舞、说笑等娱乐为一体的聚会形式）等各种大、中、小型群众性娱乐活动，才促使一首首零散的民间歌曲、民间歌舞曲、民间说唱曲逐步实现"套曲化"，并最终形成了各种木卡姆。麦西来甫又是传统艺术乃至整个民族文化传承过程中的一个重要环节。麦盖提、巴楚、阿瓦提3县的民间艺人中，许多人的先辈就都是远近闻名的"木卡姆奇"，他们通过口传心授的方法保证了《刀郎木卡姆》的世代相传。同时也有不少艺人是在麦西来甫上凭借着自己的聪明才智，耳濡目染，学会《刀郎木卡姆》的。在父辈或师傅的培养下初步掌握《刀郎木卡姆》的达班迪和乃额曼奇，又必然要经过麦西来甫上无数次的演唱（奏）得到锻炼、提高，成为名副其实的"乌斯塔"（意为"精通某种技艺的师傅"）和"乌斯塔孜"（意为"大师"、"巨匠"）。

　　因为参加麦西来甫活动能消除疲劳、宣泄情感、广交朋友、娱乐身心，所以刀郎地区的男女老少对它都有着特殊的感情。在漫长的历史进程中，一代又一代生活在绿

新疆刀郎

色生命岛屿——绿洲之上的刀郎人承受过种种苦难，麦西来甫对于他们艰辛、劳碌的生活是最好的补偿。维吾尔族著名社会科学家阿不都秀库尔·吐尔地说："如果我们考察一下刀郎麦西来甫和整个维吾尔其他麦西来甫的话，那么我们就会理解，它不只是娱乐手段，而且还具有积极的社会作用。可以说，它是一所学校。首先，麦西来甫是人民的艺术学校。因为从这种集会里产生了丰富多彩的人民艺术。它的缔造者和教师——人民，在麦西来甫中创作了许多民歌，并把分散唱出的民歌、乐曲集中到了一起，普及到麦西来甫公众里面，并在公众实践中得以提高和完善。麦西来甫又是对人们特别是对青年进行道德、民族风习和民族传统教育的学校。通过麦西来甫，青年一代学习道德规范，深刻理解民族风习和传统。麦西来甫还被视为增强社会联系、倾注集体主义精神和发展友谊的手段。"这一段精彩的论述可以作为我们对于麦西来甫所作介绍的总结。

除了麦西来甫之外，《刀郎木卡姆》在刀郎人的其他生活空间也可得以表现：如刀郎人去戈壁、荒漠、沼泽、沙漠上放牧、打柴时，在离家外出的漫长旅途中，都爱拉开嗓子，用歌声驱散孤独寂寞之苦，用歌声来"缩短"旅程。各部《刀郎木卡姆》，尤其是《区尔巴亚宛》木卡姆"木凯迪曼"部分的曲调是刀郎人在这些时候最喜爱高唱的。悠长的曲调在广袤的大漠上反复回荡。所填唱的歌词多为慨叹人生的艰难，倾诉心中的愁苦，表达美好的希望。歌声使人和自然融成了一体，音乐的功能得到了最全面最完善的体现。

在田野从事除草等农业劳动的刀郎人也爱用《巴希巴亚宛》木卡姆等《刀郎木卡姆》的曲调来冲淡疲劳感。同样，此时唱的只是各部《刀郎木卡姆》"木凯迪曼"部分的曲调。在乐曲作多次反复时，可以任意填唱符合格律要求的民间歌谣。

刀郎人在上述场合唱木卡姆，主要用来自娱。在麦西来甫上，达班迪、乃额曼奇和参与舞蹈、游戏、表演乃至"受惩罚者"，都兼任着"表演者"、"观众"两重角色。他们的歌唱、舞蹈、表演，既娱人又自娱，所以人人都会全身心地投入。我们在作田野调查过程中身临其境，每次都得到心灵上的震撼。

无论在哪种场合，《刀郎木卡姆》的表演都具有相当程度的"即兴性"。这主要表现在以下几个方面：

1. 各部《刀郎木卡姆》中的各段落可长可短，可作不同的反复。"色勒利玛"部分还可以有不同的乐曲组合：音乐的旋律在相同的基础上可以根据乐手演唱时的嗓音情况和情感变化作不同的行腔。乐手们围绕旋律作音型化了的多声性伴奏时，更是因人、因时、因地而异，甚至这一次和上一次都不一样。这些都属于音乐方面的即兴性。

新疆刀郎

2. 歌手们演唱《刀郎木卡姆》时，都采用"以曲度词"的方法。只要符合曲调的格律，首席达班迪脑中闪现出哪一段歌词就将其填入曲调中演唱，其他人再随即跟上。本次田野调查之初，笔者曾企图让阿瓦提县的民间乐师们填唱经过整理、规范的歌词，乐师们明确表示不可能，甚至差一点和我们闹僵。后来，在巴楚县、麦盖提县也发生了类似的情况。笔者这才认识到这是存在于表演《刀郎木卡姆》过程中的一条规律，民间乐师们长期的演唱实践中已经形成习惯，完全不可能更改。这是文学方面的即兴性。

3. 在《刀郎木卡姆》的音乐声中入圈舞蹈者主要出于自娱，他们的舞步紧扣音乐的节拍、节奏，众人的动作却因人而异，基本上看不出什么规范。这是舞蹈方面的即兴性。

以前，有些学者认为"刀郎舞蹈表现了一次激烈的狩猎过程。""实际上可以说，舞蹈前高声唱着'啊莱'的召集人，之后女性们高举火炬，检查男子的行装，接着使人想起激烈的进攻、射箭的前进和后退，最后形成一个大包围圈，从而真实地反映了一次古代打猎或与野兽搏斗的完整过程。舞蹈结束时的旋律，无疑是在庆祝胜利。"这种观点20世纪80年代以来为不少学者和出版物所接受、引用。也有一些学者认为，在"刀郎舞蹈的组成部分中，也不难看到一些西域古代舞蹈的遗风，以及它们融会演变的痕迹"。"且克脱曼"部分的舞蹈"带有浓厚的宗教祭祀活动的色彩"，"赛乃姆"、"赛勒克"部分的舞蹈"与维吾尔族赛乃姆民间舞蹈有许多相似之处"，"它经过历代的广采博取，融会了许多古代西域的著名舞蹈。""色勒利玛"部分的舞蹈"以各种旋转为基本特点"，"存在有明显的唐代伊兰风味的胡旋舞的遗风"。还有个别学者认为，多郎舞与蒙古族著名的舞蹈"倒喇舞"结构基本相同。

（摘自周吉著《刀郎木卡姆的生态与形态研究》）

刀 郎 文 化

《刀郎木卡姆》

维吾尔《刀郎木卡姆》，是维吾尔《十二木卡姆》的重要组成部分，是中华民族文化艺术宝库中的无价之宝。挖掘、整理、研究维吾尔《刀郎木卡姆》同研究维吾尔其他木卡姆一样具有重要意义。

《刀郎木卡姆》，是维吾尔人民丰富的民族文化宝库中的珍贵

遗产之一，现今只保存在刀郎维吾尔人生活的地区，它的曲调、旋律没有受到其他木卡姆或其他地方音乐的影响。因此，它还保留着浓郁的地方特色和民族色彩，代表着古老的维吾尔木卡姆。

刀郎人主要散居在塔克拉玛干沙漠边缘以麦盖提县为中心的地区，包括周围的巴楚、莎车、叶城、岳普湖等县与麦盖提县相接壤的乡村以及阿克苏地区的阿瓦提县，沿塔里木河的轮台、尉犁直至哈密一带的广阔地区。他们主要从事农业、畜牧业和手工业。

刀郎维吾尔人是这古老的文化和丰富而优美的人民艺术的主人。他们生活在这片肥沃、富饶、美丽的土地上，从事狩猎、牧业和后来的农业活动，用自己辛勤的劳动创造了无数的财富，使塔里木盆地上的这块土地日益繁荣起来，同时，也创造了表达自己美好心愿和内心情感的精神文明，那就是内容丰富、动听感人、最具群众性、最富于丰富内涵的艺术形式——《刀郎木卡姆》。

《刀郎木卡姆》是刀郎维吾尔人的心声，是充分表达哀与乐、爱与恨和美好理想的旋律，是集歌舞音乐和各种有趣活动之大成的综合性艺术形式。《刀郎木卡姆》曲调古老，原始的乡村生活气息比较浓郁，舞蹈优美、豪放、稳重，具有浓厚的民族特色，是古老维吾尔木卡姆——麦西来甫的摇篮之一。

在刀郎麦西来甫中，一定要表演《刀郎木卡姆》。麦西来甫和木卡姆血肉相连，没有脱离麦西来甫的木卡姆，也没有脱离木卡姆的麦西来甫。

《刀郎木卡姆》的唱词主要由维吾尔民谣组成，每一个木卡姆和乐曲都没有固定和规范的唱词。木卡姆唱词根据麦西来甫进行的情况和木卡姆演唱家们的情绪、技巧而随时改变。

因为《刀郎木卡姆》的唱词主要来自维吾尔民谣，因此，这些民谣的相对独立性为木卡姆唱词的丰富多彩创造了广阔天地。

所以，每一个木卡姆中都出现了非常巧妙地反映丰富多彩的社会生活内容的新民谣，在每一个麦西来甫中也常常出现新的民谣，多方面地满足麦西来甫参加者的愿望。因此，我们完全可以说，刀郎麦西来甫是刀郎人的民俗学校。

《刀郎木卡姆》原为十二套，后来由于各种历史原因和刀郎木卡姆大师、艺人们的相继去世，其中3套木卡姆已经失传。因此，现在在麦西来甫中演唱的只有《巴希巴亚宛》、《孜力巴亚宛》、《区尔巴亚宛》、《奥坦巴亚宛》、《勃姆巴亚宛》、《丝姆巴亚宛》、《朱拉》、《多尕买特巴亚宛》和《胡代克巴亚宛》9套木卡姆。

至于《刀郎木卡姆》的史称和排列次序，也有着许多不同的看法。历史上《刀郎木卡姆》艺人们多按照上述名称和次序来演唱木卡姆。由于各种社会原因，各地木卡姆艺人们根据《刀郎木卡姆》的部分曲调和维吾尔《十二木卡姆》的部分曲调相似这一特点，而采用了《十二木卡姆》中的部分名称，如《吾孜哈力巴亚宛》、《拉克巴亚宛》、《木沙维拉克巴亚宛》等。

1986年9月25日，新疆人民广播电台的部分编辑和艺术人员来到麦盖提县，对《刀郎木卡姆》进行了考察，初步查清了《刀郎木卡姆》的名称和排列次序。他们和《刀郎木卡姆》艺人们广泛接触，交换意见，重新整理、编辑《刀郎木卡姆》曲谱和唱词，请县刀郎歌舞团的歌唱家们演唱进行录音整理后，在新疆人民广播

电台播放了。

　　麦盖提县文化局于 1993 年 9 月 3 日召开了《刀郎木卡姆》艺人代表参加的研讨会，进一步确定了《刀郎木卡姆》的名称、唱词、排列次序。

　　1994 年 10 月 5 日，在麦盖提县召开了新疆维吾尔自治区首届《刀郎木卡姆》理论研讨会。会上，就《刀郎木卡姆》的名称、排列次序，《刀郎木卡姆》的历史、《刀郎木卡姆》的音乐结构等诸项课题进行了重点研讨。

刀郎麦西来甫

一、起源

　　麦西来甫，是从古代的奏乐、唱歌、舞蹈演变成的具有民族特色、地方特点的娱乐形式。麦盖提县是刀郎存在地区的中心地带，很多风俗习惯和新疆其他地区不同。在那里男女一起劳动，一起参加麦西来甫。麦盖提人在长期同自然和野兽作斗争的生产和生活实践中养成团结互助，吃苦耐劳，勇敢智慧，邻里和睦的良好民俗。他们把狩猎、喜庆丰收、生活欢乐的情景，经过创

造、演变发展形成融演奏、音乐、舞蹈为一体的、人们喜闻乐见的、誉满全疆的刀郎麦西来甫。它源远流长、古老质朴、节奏明快、动作刚劲，男女老少联袂起舞，姿态飘逸。

二、程序

刀郎麦西来甫演奏开始，由依给脱别西（召集人）主持，男女舞伴陆续入场，两人一对，相互对转，动作缓慢，整齐统一。

刀郎麦西来甫全过程分4个阶段，表现同野兽斗争和胜利后的喜悦心情。

第一阶段："且克脱曼"（"跟踪"的意思）。舞者整装入场，踏着手鼓的节奏，结伴起舞。男的伸展双臂，作拨开树枝草丛、寻找野兽踪迹的动作，女的一手背在身后，一手高举，表示举火把照明，左右轮换，紧随男者行进。

第二阶段："赛乃姆"（"搏击或较量"的意思）。随着乐曲变调，舞者舞姿紧凑，敏捷，从左至右，巡视防卫，围歼猎物。

第三阶段："赛勒克"（"消灭"的意思）。乐曲改变，节奏加快，舞蹈亦随之改变，动作剧烈跌宕，表现野兽突窜、男女相向、围成圆圈、猛烈歼击之状。

第四阶段："色勒利玛"（"欢呼或喜悦"的意思）。乐曲昂扬激烈，喜庆欢快，恢复双人对舞，急速旋转，气氛达到高潮，充分表达了狩猎者胜利后的喜悦之情。旋转加快，持续时间长者取胜。

由于刀郎麦西来甫参加人数多，舞蹈表演细腻，时间持续长达3～5小时。所以纪律必须严格，秩序必须井然，否则将会受到布力（"批判"的意思）或被押在场中受到群众戏弄。

三、刀郎麦西来甫的种类

刀郎麦西来甫根据其性质和功用，可分为5种。

1. 婚娶麦西来甫。是男女完婚时举办的麦西来甫。其规模较小，新娘、新郎也参加舞蹈。

2. 邀请麦西来甫。这是某家农业丰收，或由于生意兴隆、吉庆日子，更主要是由于家庭中长大的男女青年需要参加麦西来甫而举办的庆祝活动。在刀郎人中，孩子长大了，倘若还没有成为麦西来甫的成员，则是家庭中一件不愉快的事。因此，此家庭要举办一次邀请麦西来甫，向组织者申请让他们的儿女参加，此后，其子女才算麦西来甫正式的成员，可活跃于各种场合的麦西来甫。

3. 轮流麦西来甫。这是最常见的、举行次数最多的麦西来甫。其规模有大有小，多在农闲时，为了表现欢乐、喜悦的心情，欢庆美满幸福的生活，人们轮流举办麦西来甫。活动结束时，端一杯茶水，放在场地中间，谁先抢上喝口茶，谁就下次举办。举办者引以为荣。轮流麦西来甫的制度很严，参加者的座次依年龄和威望而定，由一位有权威的青年主持。轮流麦西来甫是一种和睦、团结、友好的象征，在娱乐形式之外，还就麦西来甫

参加者的一些问题进行讨论商定，如帮助某些遭灾人；惩罚一些作错事的人。最严重的惩罚是从麦西来甫集体中开除。但被惩罚者只要能在公众面前诚恳认错，可重新参加麦西来甫。

4. 道歉麦西来甫。如由在麦西来甫中破坏麦西来甫制度，或由有违背道德准则行为的人主办，以代替惩罚，也叫惩罚麦西来甫。如麦西来甫娱乐活动中，在对诗、献茶联句等游戏活动中，多次输给对方者便当场认输，表示愿意下次举办麦西来甫。

5. 单身麦西来甫。这种麦西来甫是因村中有未婚或离婚男女，村中公众便为他们举办麦西来甫，邀请单身男女参加，以便他们相互接触认识，培养感情，促成婚嫁。

除以上 5 种刀郎麦西来甫外，还有消除成见麦西来甫。在一个村里，有人结了宿怨，公众首领便了解原因，公布于众，促其双方互相谅解，消除成见。双方相互邀请，举办麦西来甫。如果双方或一方不接受条件，或言行不一，则会被人耻笑，受到孤立。

四、麦西来甫的娱乐形式

每次麦西来甫的后半段，一般还安排麦西来甫娱乐活动，使

人们得到休息，放松情绪和开心。如抢黛莱、献茶联句。

五、麦西来甫中的惩罚

　　麦西来甫是一种社会集体活动，有其严格而健全的制度，以保证每次麦西来甫有秩序地进行。为了执行麦西来甫纪律，每次麦西来甫都要选出公正无私且有权威的人为"法官"，对确认为有破坏秩序、违反道德准则的人进行"惩治"。"裁决"时，在征得麦西来甫公众的同意和得到被"裁决"人的认可的基础上，才由执行官执行惩罚。

　　经济上道歉"惩罚"，是根据"被告"违纪轻重和经济情况进行惩罚，轻的罚以水果、食物之类，公众分享；重的则罚举办一次麦西来甫。

　　"惩罚"是麦西来甫的一个组成部分。对"过失"的惩罚，须根据过失性质决定，既要取乐，令人发笑，又要使犯"过失"的人接受教育。惩罚是属于喜剧色彩的，如"烤包子"、"榨油"、"结疙瘩"、"照相"、"娶两个老婆"等娱乐活动。

　　麦西来甫的"惩罚"是一种间歇中的娱乐喜剧，为参加麦西来甫的人在休息中增加笑料，使他们轻松欢乐。"惩罚"的本身，其实就是一种娱乐活动。

卡龙琴

卡龙琴是维吾尔人民喜闻乐见的古老民间弹拨乐器，技巧要求很高，多用于麦西来甫弹奏。卡龙琴为箱形乐器，是一种外来乐器。据传，约在五百年前，有几个外地人来到麦盖提，其中有一位叫吾热提·木布瓦依的长者，他的大儿子毛拉聪明灵巧，酷爱音乐。在麦盖提久居的时间里，他凭对卡龙琴原型的记忆，用一块三角形箱式木料，把野兽的肠子晒干后拧成细弦钉上，就可以弹奏出音响。毛拉几经改制，将三角形改成四边形，就可以演奏美妙的音乐，给这个古老的地方带来了一件新型乐器，受到人人称颂。毛拉随着年龄的增长，琴艺越来越精，并教授了一批徒弟。他的侄儿吾热依木·帕完在他的指导下，经过刻苦学习，弹奏卡龙琴的技艺日趋精湛。毛拉去世后，吾热依木·帕完成为当

时弹奏卡龙琴的佼佼者。吾热依木·帕完倾心于卡龙琴研究、弹奏，把古老的琴艺继承了下来，并广为传播，使麦盖提县成为卡龙琴在民间长期生根之地。

用卡龙琴这个古老传统乐器和刀郎热瓦甫、刀郎艾捷克及达甫鼓配套演奏的《刀郎木卡姆》已成为麦盖提县

维吾尔人民音乐艺术的光辉结晶。卡龙琴在继承发展琴艺方面，展现了它独特的风格和非凡的作用。

卡龙琴弦轴和面板取材于桑木、核桃木，制作分为花式和简式。钢弦数量不统一，音域宽窄不同。过去弹奏的卡龙琴，多为桑木制成，没有花饰，为简式，设有 16～20 对弦，弦轴在卡龙琴左侧，工艺粗糙。现在使用的卡龙琴，其形状和原来基本相同，琴弦固定为 19 对，琴长 85 厘米，宽 55 厘米，高 15 厘米，弦轴从左侧侧面改装在左侧上部，外表有骨质或金属花饰，精良美观。

新疆刀郎

刀郎舞

　　刀郎舞，也叫刀郎麦西来甫。它发源于叶尔羌河畔的麦盖提县和巴楚县。它是数百年来刀郎人在狩猎和生产劳动的实践中创造出来的，是反映先民狩猎生活情景的一种粗犷豪放、节奏深沉、动作刚劲有力的民间舞蹈。其表演有固定的程式。伴奏乐器主要是卡龙琴、达甫鼓和刀郎热瓦甫。刀郎舞的最大特点，在于它节奏明快，动作刚劲，能酣畅淋漓地表现刀郎人几百年来在大森林里游牧、狩猎的劳动生活，所有动作都是劳动行为和过程的形象化。大约可分为 4 个舞蹈片段。当卡龙琴、刀郎热瓦甫奏出悠扬的过门，一个鼓手"噢——"地一句起序，那声音格外奇

崛，似一种遥远的呼唤。随即歌者闭起双眼，打着手鼓，伴随深沉有力的节奏，集结了鼻腔、胸腔和丹田之气，发出低沉若洪钟般的共鸣声，男女老少纷纷步入舞场。初起，散板高歌，乐队奏出徐缓的曲调。此部分舞蹈叫做"孜力巴亚宛"，似在召唤各个部落的人参加围猎，舞者轻跳慢扭，显出漫不经意的姿态，如同狩猎前的准备。接着第一乐段开始，响起了召唤性的乐曲，提醒人们已经进入猎区。对舞者双双轮换甩动手臂，做出用手拨动草丛，寻找兽迹的动作，姿态优雅而从容，但又透出紧张与不安。这一部分舞蹈叫"且克脱曼"。继而，乐曲转入节奏紧促、明快的小快板，人们的动作也剧烈起来，仿佛找到了野兽，展开捕猎的样子。男性动作刚劲有力，舞步扑跌有致，双手大张大合，左右前后大步跳动。女性则沉静地举臂，犹如手持火把照明，随着男人行进。这一部分舞蹈叫"赛乃姆"。下一个舞蹈片断是"赛勒克"，对舞变成了圆阵，男女相间，紧紧相随，围成一个大圆圈。这应该是围猎的场面了。最后一组舞蹈是"色勒利玛"，表现胜利后的欢乐。乐曲奏出激昂热烈的喜庆音调，舞蹈者不停地旋转，气氛达到了高潮。

　　显然，这些形式完整、含义明确、动作刚劲的民间舞蹈是不

多见的。它十分生动、准确地表现了刀郎人的劳动场面，反映了劳动者顽强、坚毅的斗争意志和充满必胜信念的乐观精神。

劳动创造了艺术。刀郎人在长期劳动生活中不仅创造了风格独具的刀郎麦西来甫，同时也创造了朴实豪迈的歌舞组曲《刀郎木卡姆》，"刀郎赛乃姆"等形式的舞蹈。现在刀郎舞已成为城市、农村维吾尔人的节日、喜庆丰收时的一种普及性的舞蹈，它在维吾尔民族传统舞蹈中占有十分重要的位置。

刀郎农民画

　　长期生活在祖国大家庭中的维吾尔族是极富艺术创造的民族，其中聚居在麦盖提绿洲上的刀郎人更是以智慧、勇悍、富于开拓精神而著称。

　　刀郎人不仅普遍喜爱他们传统的乐舞艺术，而且还特别地喜爱摔跤、骑马和拔河等体育活动，以此来体现世代相传的大漠游猎先民尚武好强的风尚。更令人惊叹的是，在这几乎被沙

漠包围的绿洲上，在这些胼手胝足、荷锄挥镰、世代不离农耕的刀郎民众中，竟然在 20 世纪 70 年代里涌起了一股被称为"农民画"的民间绘画艺术的新潮，并且以其独特的创作风格和艺术魅力震动了新疆维吾尔自治区的艺坛，并紧追当时中国农民画的先进地区，引起了中国美术界的注目。

　　萌芽于 20 世纪 70 年代，如今已枝叶婆娑、奇葩竞艳的麦盖提县农民画再一次表明刀郎人追求美好生活，富于艺术创造的精神，反映了麦盖提绿洲以植棉为主的农业经济迅速发展而带动了新文化繁荣的现实。当然，在追溯这一成就的人文、时代、社会等背景条件的同时，也决不能不提到当地宣传文化部门的指导和群众文化专业工作者坚持不懈的组织与推动。30 多年来，麦盖提县文化馆就通过县、乡多次举办农民画创作培训班；组织民间画家不断学习提高绘画能力，创作了近千幅农民画作品。其中有 600 多幅在北京、乌鲁木齐、喀什噶尔等地展

新疆刀郎

出，有 160 多幅在自治区和内地报刊上发表。这些成绩使这个全自治区著名的文化、体育先进县，在原有的"歌舞之乡"的称号上，又加上了"现代民间绘画之乡"的美誉。目前，坚持在这片绿洲上既不脱离生产劳动，又能从事绘画创作的民间画家队伍不断成熟壮大，成为麦盖提社会主义精神文明建设的一支不可忽视的力量。

20 世纪六七十年代，中国各地出现过工人画、战士画，舟山、嵊泗渔民画和户县、金山、綦江等地的农民画。麦盖提和各地的这些本该称为民间绘画的作品，被人们时尚地称为"农民画"。麦盖提农民画是一种带有原始形态的稚拙艺术，它是中国现代民间绘画艺术百花园中的一枝瑰丽的奇葩。除了政府的扶持外，它的经久不衰是有其深厚群众基础的。

麦盖提民间绘画都有极其自由的造型审美观。那些土生土长于绿洲的民间艺术家们，除了受到当地传统文化的熏陶和滋养外，并没有经过任何现代绘画的系统学习，他们的绘画技能只能属于本能继承性的有局限性的造型能力，而缺乏对绘画造

型手段的全面把握。这种局限迫使那些陶醉于朴素的艺术追求的民间画家们不得不运用一种较为原始稚拙的形式绘画。如同一切新生的事物一样，这种形式不可能是完美无缺的，它还有待于发展、改善。但是，它毕竟是民间画家们在此时此地所能达到和接受的一种适宜、有效的形式。它会激发民间画家较大的创作自由，也必然给民间画家带来自由选择的空间和超越规范的表现意识。它能让画家们在艺术表现上挥洒自如，不拘泥于一般透视规律，不受对象比例的制约，完全从自我表现的需要出发，形成一种极其自由的造型审美观。这种表现形式及其潜在的审美意识造就了麦盖提民间绘画区别于其他绘画的一些特征。

麦盖提民间绘画大都有富于想象力的、贴近现代的时空造型观。民间画家为了反映他们的审美理想，在艺术表现手法上随心所欲，异常大胆地把天上地下、过去现在、横放竖排、大大小小、林林总总的绘画形象全都处理在非常和谐的画面中。他们在造型处理上追求酣畅淋漓的主观宣泄，形成一种夸张、变形、纯朴自然的造型特征。无论描绘任何对象，画家都须驰骋想象，落笔着墨才富于理想色彩，既不脱离现实生活，又始终与现实生活保持着一段非常可贵的距离。正是保持了这种距离，而使得画面形象实中透虚，虚中有实，既是现实主义的，又洋溢着浪漫主义的情调。

麦盖提民间绘画在色彩表现上也有其独到之处，它不拘泥于固有色或条件色，而是"怎么好看就怎么上色"。不少作者都擅长在原色和二遍色的大对比中用黑、白来调节，求得一种强烈、鲜亮和极为刺激感官的色彩效果，使整个画面更富于装饰性。这种随意敷彩要比随类敷彩更加自由和更加强烈，也更显夺目光彩。这种根据个人审美情趣和画面需要而随意选色敷色的做法与现代主义的审美具有相似之处。麦盖提民间画家们这种无所顾及、不拘程式，追求质朴、自然的独特风格，加上他们善于横向吸收各种绘画的营养，从而使他们的创作思想更为自由奔放，作品也更富有艺术感染力。

刀 郎 精 华

麦盖提《巴希巴亚宛》木卡姆歌词

木凯迪曼

情人，你是来把我瞧瞧，
还是来为了把我炙烤？
莫不是让熄灭的情火，
又在我心田里熊熊燃烧？

且克脱曼

你们去向我情人问安，
把我的情形和她相谈。
假如她打听我的心事，
就说我过得快乐平安。

情人过来时高兴异常，
直直地走在大路上。
我不知她想干啥事，
但已经把我的心烧伤。

赛乃姆

如果你骑着马回家乡，

我愿意做你的马鞭。
求你把我当护身符来用，
只因人人注视你的容颜。

我真不想和你一起过，
这样做是我一生的过错。
与其为你自寻烦恼，
不如和你嫂子促膝对坐。

赛勒克

黑眼睛你骑马向何方？
我也想走在你身旁。
就说一两句真心话，
一路把你弄到手上。

色勒利玛

世界上没有不死的人，
人一旦死了不能复活。
活着的时候要有情人，
人死了一切都要结束。

你像白苹果的枝条，
是否愿意给我弯腰？
我度日如年单相思，
心中的苦闷知不知晓？

63

麦盖提《吾孜哈力巴亚宛》
木卡姆歌词

木凯迪曼

我为何在父亲面前流泪？
我为何给母亲诉苦？
我的脸黄如马前的麦草，
我如同燃尽的蜡烛。

母亲的去世使我心慌，
我好比是折断了翅膀。
我离开母亲哭成泪人，
苦难使我黯然心伤。

且克脱曼

离开心爱的情人，
我想都没有想过。
这是上帝的旨意，
抑或是我的罪过？

乃克拉脱

妇人你戴的花非常好看，
告诉我你情人给不给钱？
如果你情人是吝啬鬼，
我可愿意给五分钱。

赛乃姆

我用腰带把腰勒紧，
又用铁丝一层一层。
只要你能下决心，
我头也不回把你跟。

如果我有翅膀，
能在空中自由翱翔。
会把心里的一切，
告诉那至高的上苍。

赛勒克

你的生命，我的生命，
本是一条命。
为了你呀，
我的一切都可以牺牲。

新疆刀郎

色勒利玛

我从洞中进入果园，
不想吃杏子它还很酸。
是安拉使我离开情人，
还是我自己时乖命蹇。

世界上没有不死的人，
人一旦死了不能复活。
活着的时候要有情人，
人死了一切都要结束。

麦盖提《拉克巴亚宛》木卡姆歌词

木凯迪曼

我为何在父亲面前流泪？
我为何给母亲诉苦？
我的脸黄如马前的麦草，
我如同燃尽的蜡烛。

且克脱曼

都说我来回走动，
这是我自己的情愿。
为了获得情人的心，
连着挨了八十皮鞭。

赛乃姆

情人不愿去的喜事，
不经她允许无法前往。
她的感情呀极其脆弱，

新疆刀郎

赔礼道歉也不能领赏。

我真不想和你一起过，
这样做是我一生的过错。
与其为你自寻烦恼，
不如和你嫂子促膝对坐。

赛勒克

我不愿吃你的沙枣，
牙痛得实在难熬。
一旦想起情人，
非常难受心如刀绞。

色勒利玛

情人啊，你的心事，
无法打听。
你没有去过的街道，
根本不能进。

麦盖提《木沙维拉克》木卡姆歌词

木凯迪曼

情人你是含苞欲放的玫瑰，
我真心爱你如影身随。
我的花儿未开你就走了，
咱俩有没有再见面的机会？

且克脱曼

你们去向我情人问安，
把我的情形和她相谈。
假如她打听我的心事，
就说我过得快乐平安。

情人不愿去的喜事，
不经她允许无法前往。
她的感情呀极其脆弱，
赔礼道歉也不能领赏。

69

新

疆

刀

郎

赛乃姆

你的灯闪闪发光，
它坐落在灯台之上。
我曾经和你亲吻，
是在那棵石榴树旁。

我在深更半夜奔走，
没有平路都是渠沟。
无奈情人的黑头发，
捆住了我的双手。

赛勒克

情人啊，你的心事，
无法打听。
你没有去过的街道，
根本不能进。

色勒利玛

如果要我自作主张，
不愿离开情人身旁。
如同一只不要命的灯蛾，
全力扑向熊熊火光。

麦盖提《勃姆巴亚宛》木卡姆歌词

木凯迪曼

我真想拥有这个女子，
真想把她弄到手。
如死在她的胸膛上，
前世后世都足够。

我的一只脚在树上，
一只脚踏在房檐。
我再也不理睬你，
因你心太黑太不要脸。

且克脱曼

母亲的去世使我心慌，
我好比是折断了翅膀。
离开母亲哭成泪人，
苦难使我黯然心伤。

新疆刀郎

我用我的火种，
点燃你手中的烟。
和情人玩耍的时候，
啥都不想管。

赛乃姆

你的油灯闪闪发光，
它坐落在灯台之上。
我曾经和你亲吻，
是在那棵石榴树旁。

乃克拉脱

我上了你的房顶，
滑下来是自己的事情。
请你们尽情地跳吧，
可以找到心上人。

赛勒克

情人不愿去的喜事，
不经她允许无法前往。
她的感情极其脆弱，
赔礼道歉也不能领赏。

我回来，一定要回来，

回来的时候我们肯定是一对。
给情人购买金银珠宝，
赠送项链，赠送耳坠。

色勒利玛

黑眼睛你骑马向何方，
我很想走在你身旁。
就说一两句真心话，
让你把我爱上。

你们去向我情人问安，
把我的情形和她相谈。
假如她打听我的心事，
就说我过得快乐平安。

山区长大的那些孩子，
我只能在荒野找到。
已经去世的父母亲，
我不知到何处寻找。

73

麦盖提《朱拉》木卡姆歌词

木凯迪曼

你黑黑的头发和眉毛，
很像渠边的柽柳条。
我想念你的时候，
心在流血，身受煎熬。

父亲叫走了鹌鹑，
母亲也叫走了鹌鹑。
它不知道笼子的宝贵，
可以说是无比的愚蠢。

且克脱曼

都说我来回走动，
这是我自己的情愿。
为了获得情人欢喜，
连着挨了八十皮鞭。

艾丽米罕，色丽米罕，
有何贵干？
黄昏时分戴红花，
把心烧干。

赛乃姆

离开心爱的情人，
我想都没有想过。
这是上帝的意志，
抑或是我的罪过？

梳辫子的小姑娘，
啥时候能把她爱上？
她可以慢慢地长大，
她的爱可以把你烧伤。

赛勒克

艾丽米罕，色丽米罕
有何贵干？
在黄昏时分戴红花，
把心烧干。

色勒利玛

见到了你的身影，

颠倒了我的神魂。
心头的无尽痛苦，
使我眼花头昏。

你那勾魂的黑眼睛，
使我像乞丐到处奔跑。
你那如蜜似糖的话语，
使我在情火中燃烧。

麦盖提《丝姆巴亚宛》木卡姆歌词

木凯迪曼

在黎明前啼鸣的杜鹃，
是否向安拉乞怜？
我们没有父亲没有母亲，
安拉应该多给一些恩典！

我去无边无际的荒滩，
好像看到了情人的宫殿。
我心中因情火而来的烦恼，
是否我死后才能消散？

且克脱曼

马儿赶路，马儿赶路，
路在冰达坂。
好人坏人一起生活，
日子很艰难。

新疆刀郎

老虎是猛兽，兽中之王，
不给狮子让路。
被父亲抛弃的孩儿，
绝无出路。

赛乃姆

我用腰带把腰勒紧，
又用了铁丝一层一层。
只要你能下决心，
我永生永世把你跟。

赛勒克

你不要有无为的打算，
对我不要有任何信念。
我死的时候你仍健在，
不要想我们，不要迷恋。

色勒利玛

你们去向我情人问安，
把我的情形和她相谈。
假如她打听我的心事，
就说我过得快乐平安。

麦盖提《胡代克巴亚宛》木卡姆歌词

木凯迪曼

我为何在父亲面前流泪？
我为何给母亲诉苦？
我的脸黄得像马前的麦草，
我如同燃尽的蜡烛！

且克脱曼

马儿赶路，马儿赶路，
路在冰达坂。
好人恶人一起生活，
日子很艰难。

老虎是猛兽之王，
不给狮子让路。
被父亲咒骂的孩儿，
绝无出路。

新疆刀郎

赛乃姆

情人说我是坏蛋，
坏事和我毫无相干。
我睡得晚起得很早，
向安拉只求一生平安。

我想去湖畔，
把胸膛贴紧潮湿的地面。
情人的苦衷非常难受，
弄得不好会把我烧干。

赛勒克

见到了情人的身影，
颠倒了我的神魂。
心头的无尽痛苦，
使我眼花头昏。

你是我生命之源泉，
你是我财富的积淀。
尽情地玩吧，黑眼睛，
我们都是石榴的花瓣。

色勒利玛

今年的桃子大丰收，
晒出的桃干也足够。
可是她母亲很厉害，
一个不留地都拿走。

你是我生命之源泉，
你是我财富的积淀。
尽情地玩吧，黑眼睛，
我们都是石榴的花瓣。

81

麦盖提《多尕买特巴亚宛》木卡姆歌词

木凯迪曼

我去无边无际的荒滩，
好像看到了情人的宫殿。
是否大家都找到了，
盼望已久的新花园？

且克脱曼

马儿赶路，马儿赶路，
路在冰达坂。
好人恶人一起生活，
日子很艰难。

父亲母亲都说我，
不是好儿郎。
这是安拉的安排，
不要冤枉。

赛乃姆

我用腰带把腰勒紧，
又用了铁丝一层一层。
只要你能下定决心，
我永生永世把你跟。

妇人你戴花很好看，
不知你情人给不给钱？
如果他是吝啬鬼，
我愿给你五分钱。

赛勒克

你这无情无义的世界，
到底对谁履行了诺言？
为何把那些没本事的人，
培养成了万能的纳旦？

色勒利玛

这是苹果树的枯柴，
还是木瓜树的枝头？
我夜不能寐，辗转反侧，
是不是情人的引诱？

新疆刀郎

巴楚《孜力巴亚宛》木卡姆歌词

木凯迪曼

命，真主让我们暂时享受，
有一天它总要把它拿走。
留下了爱和家园，
这件事把我们的心伤透。

我们先溜进苹果园，
把苹果摇下地面。
然后悄悄地走出去，
让那些姑娘媳妇叫喊。

且克脱曼

情人啊，我在情火中煎熬，
相思病使我身心一团糟。
孰不知我对你一见钟情，
为了爱我连生命都不要。

我本是个时乖命蹇的人，
不想情人也碰上了冤案。

不用说我形容枯槁，
连穿的衣服也破破烂烂。

赛乃姆

我偶然进了你的果园，
在那里看到了你美丽的容颜。
你的身材啊，苗条动人，
咱俩能否一起玩？

赛勒克

乡亲们，你们看到我情人没有？
她自食其言，说话不算数。
如果她的心有灵性，
准能听到我的疾苦。

色勒利玛

我们的母亲由谁来赡养？
肯定是真主，真主最慈祥。
母亲啊，请你不要流泪，
对咱们，真主都有一本账。

真主给你身首，
真主为你分忧。
你不信，看那七条河，
和你的眼泪一起流。

巴楚《吾孜哈力巴亚宛》木卡姆歌词

木凯迪曼

好人历来有好报，
他的大名留芳百世。
恶人历来有恶报，
谁也不问他有无心事。

你房后有大花园，
走进去，难上加难。
你说话软弱无力，
我怎么也硬不起腰杆。

且克脱曼

不给丝毫阴凉的树林，
是荒原，绝不算绿洲。
要知道，无动于衷的人
还不如飞禽走兽。

情人啊，你是来把我瞧瞧，
还是来为了把我炙烤？
莫不是让熄灭的情火，
又在我的心田里燃烧？

赛乃姆

这些都是高山峻岭，
流浪汉无法走进。
他们死了有谁流泪？
为他们流泪的是同命人。

赛勒克

我看着你不忍离开，
连脚都迈不开。
你双眼暗送秋波，
害得我话都说不出来

色勒利玛

我的父亲啊，我的母亲，
挥洒汗血，历尽艰辛。
为了我的前途、未来，
向神灵乞求，向造物主点灯。

新疆刀郎

巴楚《区尔巴亚宛》木卡姆歌词

木凯迪曼

我为何向母亲流泪？
我为何向父亲诉苦？
我的脸黄如马前的麦草，
筋疲力尽像快灭的蜡烛。

我的过错多如群山，
但真主有更多的恩赏。
进入黑暗墓穴的时候，
万人和国王的结果一样。

且克脱曼

愿我的父亲，愿我的母亲，
莫要把我当做儿男。
是真主让我走这条路，
莫把我多加埋怨。

我每日每夜把你盼，
等在路上望眼欲穿。

但不知你走哪条路？
把自己的心儿贴向地面。

赛乃姆

情人啊，你是来把我瞧瞧，
还是来为了把我炙烤？
莫不是要让熄灭的情火，
又在我心田里熊熊燃烧？

乃克拉脱

莫不是让熄灭的情火，
又在我心田里熊熊燃烧？

赛勒克

向左飞过一株玫瑰，
向右飞过一株玫瑰。
两株花中夜莺啼鸣，
优美的歌声令人迷醉。

色勒利玛

今天是第十七日的早上，
未见月牙儿就天亮。
不知道情人来还是不来，
令我无限地悲伤。

新疆刀郎

巴楚《康巴尔罕巴亚宛》木卡姆歌词

木凯迪曼

果园里有一朵花多么鲜艳，
枝头上的夜莺唱个不完。
真主使我和情人离别，
他为何把我这样为难？

赛乃姆

从我这边走过去的人们，
请你们从那边也走过。
仁慈的真主啊，我求你，
请你原谅我的过错。

我要把木箱踢开，
让鲜花撒开。
我的心被锁住了，
只能情人把它打开。

他们的身材何等相似，
他们的脾气多么一样。
一起跳舞非常高兴，
这俩很可能是同乡。

赛勒克

和无知的人做朋友，
我连想都没有想过。
但是离开一个好人，
使我心里非常难过。

色勒利玛

我和我情人是老乡，
从小一起玩耍一起成长。
原来就有海誓山盟，
做朋友，心往一处想。

新疆刀郎

阿瓦提《巴希巴亚宛》木卡姆歌词

木凯迪曼

任何病症都能治好，
但治情火没有灵丹妙药。
我到处询问医生却说，
治情病的药无法找到。

且克脱曼

已是黄昏时间太晚，
情人遇到了冤案。
她本是长长的黑头发，
有一个惹人的容颜。

赛乃姆

太阳落山天已经黑，
但情人不让我去果园。
我，给她送茶说好话，
她连看也不看一眼。

天山传奇丛书

你把我折磨得够呛，
让情敌高兴异常。
没想到脚踏两只船，
使我的感情受伤。

赛勒克

你的牙像玛瑙一样宝贵，
你的嘴如含苞欲放的玫瑰。
你走出大门的时候，
花花世界全都往后退。

色勒利玛

白杨林啊白杨林，
巴楚都是白杨林。
你若想大胆地玩，
姑娘不如小妇人。

你的情人是我的朋友，
在麦西来甫场面转悠。
如果有人看不起咱，
踩他肩膀玩个够。

黑眼睛我把你路上等待，
把胸膛贴近路上的尘埃。
你的苦衷使我变得孤独，
你还是伸手为我开怀。

阿瓦提《埃尔扎尔巴亚宛》木卡姆歌词

木凯迪曼

你的牙像玛瑙一样宝贵，
你的嘴如含苞欲放的玫瑰。
你出大门走过来，
花花世界都往后退。

且克脱曼

情人你是来把我瞧瞧，
还是来为了把我炙烤？
莫不是让熄灭的情火，
又在我的心田里燃烧？

赛乃姆

你们去向我情人问安，
把我的情形和她相谈。

假如她打听我的心事，
就说我过得快乐平安。

你说我不愿做生意，
我不会做又能怎样？
只要想起远方的情人，
一切忍耐顿时消亡。

除草机放在地头，
情人在河岸等候。
黄昏时分亲她一次，
不吃不喝过一周。

赛勒克

听说情人已经过来，
我重新勒紧了腰带。
听说情人又远走高飞，
我在荒野死去活来。

色勒利玛

情人你是来把我瞧瞧，
还是来为了把我炙烤？
莫不是让熄灭的情火，
又在我的心田里燃烧？

新

疆

刀

郎

除草机放在地头，
情人在河岸等候。
黄昏时分亲她一次，
不吃不喝过一周。

阿瓦提《朱拉》木卡姆歌词

木凯迪曼

你的牙像玛瑙一样宝贵，
你的嘴如含苞欲放的玫瑰。
你从家门走出来，
花花世界都要往后退。

且克脱曼

马儿赶路，马儿赶路，
路在冰达坂。
好人坏人一起生活，
日子很艰难。

赛乃姆

穿一件天蓝色服装，
人心可在空中飞翔。
怎能把好人撇在一处，

新疆刀郎

把恶人留在身旁？

已是黄昏时间太晚，
情人的生活有冤案。
她本是长长的黑头发，
有一个惹人喜欢的容颜。

赛勒克

你的生命，我的生命，
本是一条命。
为了你呀，我的一切，
可以牺牲。

色勒利玛

过一间房再过一间，
为你而来。
只因你是好姑娘，
吻你而来。

谁是好人，谁是坏人，
很不好区分。
半路上一起走的，
不是同路人。

你说我尊贵非常尊贵，

这个福气可能从天而坠。
但是我飞都飞不上去，
看来翅膀已被打碎。

这支猎枪的子弹，
在空中飞旋。
黑眼睛的情火啊，
很难消散。

负心人已离我而去，
连问都没有问一问。
不用说要我同行，
甚至没有让喝一口水。

新疆刀郎

阿瓦提《区尔巴亚宛》木卡姆歌词

木凯迪曼

我让小妇人观看大地；
她说没有爱就没有家乡。
我让她观看人间地狱，
她说情火的烈焰就是这样。

且克脱曼

从这村到那村，
无路可走。
治这情病没有药，
让我够受。

赛乃姆

情人你是来把我瞧瞧，
还是来为了把我炙烤？

莫不是让熄灭的情火，
又在我的心田燃烧？

穿一件天蓝色服装，
人心可在空中飞翔。
怎能把好人撇在一处，
让恶人留在身旁？

乃克拉脱

心宽人可以让人高兴，
好心人可以找到心上人。

赛勒克

突然萌发了走的念头，
就沿着花园出走。
和你一起玩麦西来甫，
让情火把心儿烧透。

色勒利玛

你说我不会做生意，
我不会做又能怎样？
只要想起远方的情人，
一切忍耐顿时消亡。

新

疆

刀

郎

你们去向我情人问安，
把我的情况和她相谈。
假如她打听我的心事，
就说我过得快乐平安。

刀郎麦西来甫小歌曲词选

第一曲　康巴尔罕

我是康巴尔罕手中的乐器，
我好比是大雁从湖中飞起；
和情敌作战，才是我的本分，
死了不会有丝毫的怨气。

康巴尔罕有数不清的财产，
她指甲花开得十分鲜艳；
她用指甲油染指也可，
何必对情人抛弃诺言？

听说康巴尔罕非常慷慨，
穷苦人见她就喜出望外；
企图分离我们的敌人，
在地狱里被烧成枯柴。

第二曲　阿吉阿塔

我有一把刀，刀把很美，

又像蛇头，又像鹌鹑眉；
阿吉阿塔在巴楚各地，
为了开心啊，起早贪黑。

阿吉阿塔进果园，
头上的缠布在树干；
他一人在天堂玩，
随从人员担风险。

副　歌

我们又玩又痛饮，
阿克苏、库车留脚印；
情不自禁流了泪，
因为身边无情人。

第三曲　阿拉巴郎

用奥斯曼画眉毛的少女，
给人夸赞自己的眉毛；
我忧心忡忡，悲痛欲绝，
不知将心里话给谁掏。

烤馕的地方叫做馕坑，
烧砖的地方叫做砖窑；
你把我扔进了情火，
你说这事究竟好不好？

都它尔琴有九种节奏，
流言蜚语是敌人的阴谋；
他们说什么就说去，
我们俩还是不分手。

第四曲　乌依纳松

你向这边暗送秋波，
你向这边挤眉弄眼；
你秀发上的红头绳，
让众人跳得通宵达旦。

来吧，情人赶快来，
和我们一起跳起来；
抛弃那些清规戒律，
不管谁人把谁爱。

院里的水井无井盖，
我扔进了一块白石头；
我们互相望着跳，
敌人、朋友看不够。

第五曲　黑眼睛的情人

你给了我一只苹果，
我看上了你的身段；
不知你何时来看我，

105

新

疆

刀

郎

我对你已望眼欲穿。

我进你房后的果园，
发现那桃子非常甜蜜；
你嘴里是否含着冰糖，
亲亲你嘴唇甜透心脾。

我不去摘你果园的苹果，
愿意把它咬吃一口；
你那落雁沉鱼之容，
何年何月才能看够。

第六曲　山雀姑娘

我在河对岸有个情人，
在河此岸也有情人；
河对岸的我非常爱，
对她永远不死心。

我挖渠将两岸加高，
又用石头把它砌牢；
我希望我们成双成对，
至死为止都要相好。

胡加瓦提的白杨树，
站在高处也看不见；
我俩是诚心诚意的朋友，
钱有多少都不管。

天山传奇丛书

第七曲　在百灵鸟鸣叫的果园里

在那百灵鸟鸣叫的果园里，
盛开的花朵分外鲜艳；
我在情火中煎熬的时候，
笃心的情人有苦难言。

情人名叫阿依罕，
她却像月亮一般；
穿着都是白衬衣，
纽扣似白珍珠一串串。

我夜不能寐心有愁，
眼泪将衣服湿透；
见面的时间还多长，
我一直将情人等候。

第八曲　长辫子的姑娘（一）

你一直用眉毛看着我，
你一直用秀发捆着我；
我对你干过什么坏事，
有机会你就杀了我。

副　歌

我在月夜尽情玩，

新
疆
刀
郎

你能不能思念我。

你房后有一棵白杨树，
我的山鹰在上面飞落；
你用你甜蜜的话语，
在我心里种下了情火。

长辫子的姑娘（二）

头上不要插花瓣，
花瓣不如花朵好；
与其爱上负心人，
不如单身过了好。

花园虽然很小，
它会长出绿草；
虽然你年幼无知，
不能过得无依无靠。

长辫子的姑娘（三）

啊，你这美丽的少妇，
我不去你的乡村住处；
假如我真的去找你，
我的诺言依然如初。

水渠是否流着咸水，

你穿衣说话要干脆；
含糖的嘴唇我不要，
有蜜的嘴唇吻一回。

第九曲　阿克塔木谣（一）

这是不结甜瓜的瓜藤，
这是不落山鹰的白杨；
虽然十五岁就有了情人，
心里至今还是空荡荡。

我爱上了你的容貌，
爱上眼睛，爱上眉毛；
情火把我烧了半年，
仍然没有和你相好。

我也有白色绸缎连衣裙，
也有兰色绸缎连衣裙；
情人啊，我奉献给你的，
不是苹果，而是整个灵魂。

阿克塔木谣（二）

我不断弹起热瓦甫，
琴弦发出各种声音；
我为了你痛苦异常，
可以算是九死一生。

新
疆
刀
郎

命运的注定我可忍耐，

情火中燃烧我可忍耐；

真主连一条毡子也不给，

我多么可怜，多么悲哀。

你像是一个流浪汉，

肩膀上扛着坎土曼；

你不要给我诉苦衷，

你的苦比不上我的一半。

第十曲　莱莉古丽

我愿做好人的伴侣，

我愿和他如影身随；

给他手中的热瓦甫琴，

愿做一根弦，绝不后悔。

我向河水扔一只苹果，

它不下沉而在水面漂浮；

在我心窝一直燃烧着，

是情人种下的烈火。

我在房顶向远处眺望，

但不知情人在何方；

我只愿为你受苦受难，

此外没有其他愿望。

第十一曲　我俩曾一起玩过

我俩还没有一起转悠，
连苹果也没有同吃一个；
命运过早地让我们分离，
这个打击一辈子够受。

菜地啊，菜地宽又宽，
走过去，路程不太远；
我们何必受这么大的罪，
可知人生非常短。

我不怕洪水决口，
水渠两岸高又高；
就是这黑眉毛的姑娘，
不停地把我心儿烧。

第十二曲　我愿做你的百灵鸟

我愿给情人做个百灵鸟，
愿在你的树枝上啼叫；
花儿绽开了百灵鸟高兴，
让我做一次幸福鸟。

你的门前是一座花园，
你的花丛中非常鲜艳；

日夜想着你，得了相思病，
再不要让我心烦意乱。

这是苹果树的枝头，
还是木瓜树的树干？
睡眠已经离我而去，
是不是情火在捣乱？

第十三曲　玩吧，沙力汗

我想去地里割小麦，
又害怕麦秆在四处散开；
我想和你一起游玩，
为的是让你心花盛开。

如你觉得旱烟苦辣，
可以加块冰糖来抽；
听说你准备抛弃我，
这样你心里是否好受？

房前房后是苜蓿地，
它的四周是沙枣林；
你那如蜜糖的话语，
牢牢捕住了我的心。

第十四曲　来吧！黑眼睛

淅淅沥沥的毛毛雨啊，

下在河岸；
盼你盼得变瞎了，
我的双眼。

副　歌

靠近一点儿，黑眼睛，
乐在花园。

左顾右盼，右盼左顾，
不见哥哥来；
和你一起玩的时候，
胆子大起来。

听说菜籽磨的油，
灵丹妙药；
你如果是聪明人，
把我抓牢。

第十五曲　情人在我身旁

我从那高高的山坡，
来到你身旁；
知不知道我现在，
对你真迷恋。

新

疆

刀

郎

副　歌

我用双手抱着你，
头戴花帽；
晚上一起，破晓时分，
你已走掉。

在那高高的山峰上，
山鹰翱翔；
诚心人是一棵树，
可以乘凉。

你老是在默默沉思，
莫非你有什么心事？
你老是在山下徘徊，
莫非为放牧焦急？

如果你真的是放牧人，
我们一起来放牧；
给那些能工巧匠的心，
种一种爱情的烈火。

第十六曲　情人的花园

我在渠边闲逛漫游，
沙枣花向水面低头；
我怀疑这大千世界，

你这样的丽人有没有？

副　歌

乌鲁木齐的路长又长，
路上的行人运粮忙；
我那情人的双颊，
红得像血染的一样。

副　歌

情人的果园空气好，
千万种花儿香味飘；
只有这个果园里，
才有治我心病的药。

副　歌

情人的果园分外妖娆，
这样的少女它处难找。

第十七曲　原谅我吧，情人

整个宇宙充满鲜花多好，
四周变成花的海洋多好；
我只发生了一次过错，
情人把它原谅了多好。

新疆刀郎

那位少女情人一大堆，
你我都不爱，非常干脆；
但我已经有了你这情人，
除了你，我谁也不追随。

你的眉毛啊，你的双眼，
很像那荒野上的清泉；
假如我有什么过错，
情人啊，只能由你来清算。

第十八曲　愿做阿木巴勒吗

阿木巴勒啊，玩得欢，
茶壶的水在壶中转；
喝就只能喝开水，
生水不能肚里灌。

你可以做阿木巴勒，
也可以做州道台；
走钢丝的日子里，
望你小心又轻快。

阿木巴勒在明处办事，
道台大人爱暗处指挥；
我们俩去墙后面，
请你把我亲一回。

走 进 刀 郎

木卡姆

你热烈的呐喊如岩浆迸发穿透万年的地壳
是哭泣吗是欢笑是死亡是生命愤怒的冲决
你灌溉莽莽荒野戈壁千里泻下情感的大雨
你朱红的唇儿如石榴绽开把夏天苦苦留住
是梦幻是疯狂是失却是祷祝是蓓蕾和果籽
你扫荡沓沓心田端端愁绪吹过语言的飓风
你温柔的体态如鱼儿游过飘浮洁白的云朵
是拥抱是羞怯是初交是分手别时含泪的一瞥
你打开千渠万河的门禁瞎子看到了遍天星斗
是歌声也是雷声是弦管也是奔突的千军万马
是舞蹈也是闪电是衣装也是永不凋落的盼顾
你撕裂了每一个粗暴的灵魂又拂以再生的泉水

啊寂寞的世界荒凉的山岭深皱眉头的黄沙丘啊
因为有了你我的木卡姆世界不再荒凉山岭不再寂寞
漫漫无际的黄沙舒展眉结从痛苦中醒来
啊孤独的男子悲伤的老者失去母亲的孩子被遗忘的
因为有了你维吾尔的木卡姆灵魂不再孤独老者
不再惧怕遗忘孩子找到了母亲再也不会失去
是什么苏醒了呢当木卡姆的乐声歌声响起
原来这才是世界这才是人间充满青春爱情充满痛苦希望

这才是生命才是活着的我们
我们活着我们有了世界的一切
我们不会忘记生命和世界
因为有了木卡姆因为有了木卡姆生命的永远木卡姆

新疆刀郎

刀郎舞写意

杨　牧

胡旋女，胡旋女，

心应弦，手应鼓。

……

左旋右旋不知疲，

千匝万周无已时。

————白居易《胡旋女》

　　[引子——散板（孜力巴亚宛）]

叶尔羌河流过

长满苔丝和胡杨的草滩

父老，乡亲

沐浴着阳光

鸫声与游云一起飘散

走吧，随便到什么地方

采几株草莓，或者

什么也不采，采一片自然

生活是这样无忧无虑

无虑，怕是有太多的空间

是缺了兽皮？少了肉？

是断了粟米？少了盐？

漫步，漫步，自如而潇洒

只有太老的卡龙琴

诉着急切中的闲散

　　　〔突变——对舞（且克脱曼）〕

一声，惊叫

匕首般尖利

发现了什么？凶兽在窥探

缩回去了猰貐的头

也许还有狻猊或狂犴

原来生活潜伏着危机

松散的结构遗忘了震颤

来呀！来呀！鼓声响了，乡亲们

男的，女的，老的，少的

拨开荆丛，寻迹追赶

骆驼刺划不破我们的

我们的肌肉就是大地

天黑了么，燃起火把

照彻被河川切割的深涧

为了我们美丽的部落

为了明天完善的早餐

也为了我们现在才发现的

太饱的精力，双双，对对

结伴探险

新

疆

刀

郎

[勃发——对转（赛乃姆）]

几乎同时发现了凶兽

在你的背后，在我的胸前

好！各人看准各人的对手

沉着，果断，勇敢周旋

冲上去，又退下来，退下来

抽出困得啸叫的刀剑

刺向它咽喉，割开它血管

撕，扯，啃，咬……我的食

是你的肉！你的皮是

我的衫！对转，对转……

格斗是富于弹性的，野性

正是英武和剽悍！我是人！

我比你多了一番意志

还有意志铸成的刀剑

转成一万个艾孜提毛拉姆，我们

围歼

[高潮——竞技性自转（色勒利玛）]

河床里滚着腥红的兽血，星星红了

头上是夜空桂冠的灿烂

野兽的血是多么美呵！诗的

精华，画的凝粹，生活和艺术

最高的完善？还有垂死的

伤兽么！不杀

也罢，举起它，举起

戏谑、荣誉和炫耀

（这里的炫耀何等崇高）

旋成一闪电！

进化了五十万年的人类

旋转的星空，在作裁判

旋转的地球，在作裁判

旋转的心律，在作裁判

让体力、技力、韧性和恒持

验收灵长类的子孙

让生命接受优秀的挑选

一张张天空倾斜了，又一张

一颗颗星星滑出了画面……

最后，一个

最骄傲的头颅，原地站定。高高擎着

昆仑和天山！擎着力

擎着恨，擎着

得以生存的杀伤，擎着

赖以延伸的路面；擎着人类

高尚而又残酷的威严

将手中的败兽

狠掷在地……叶尔羌河哟

血浪！

排空！

把一部辉煌的文明史

交给永不喑哑的鼓点

新疆刀郎

刀郎舞的狩猎韵味

谢 中

　　"哎！岂呐……"随着一声惊天动地的呐喊，由达甫鼓、刀郎热瓦甫、卡龙琴组成的乐队奏响乐曲，欢乐的人们一拥而上，一场大型的刀郎舞拉开了序幕。

　　艾德来斯丝绸裙、巴旦木花帽交相辉映。不多时，联欢中的军人一个个悄然无声地退出了刀郎"舞台"，走惯了直线加方块的步伐实在是拉不开栓，上肢的动作也只能像白杨树似的直挺挺地伸展。刀郎舞也叫刀郎麦西来甫，是叶尔羌河畔维吾尔族群众最喜爱的一种民间舞蹈形式。许多动作都是游牧、狩猎和劳动场

景的再现。

乐手奏出一段悠扬的过门，一名鼓手扯开喉咙，双眼紧闭，汇集鼻腔、胸腔和丹田之气，发出了沉若洪钟般的共鸣。在音乐的感召下，男女老少纷纷步入舞场，乐队奏出徐缓的序曲，进入了第一组舞蹈——"孜力巴亚宛"。舞者轻跳慢扭，显露出漫不经心的姿态，如同狩猎前的准备。舞姿仿佛是在召唤各个部落的人们："快来呀！围猎的行动开始了。"

接着，又是一段富有召唤性的乐曲，提醒人们已经进入猎区。对舞者双双轮换甩动手臂，做出透着紧张与不安的动作，一会儿蹑手蹑脚探路，一会儿拨开草丛弯腰搜索。他们把这一部分舞蹈叫做"且克脱曼"。

这时，一个腰间系着绣花腰巾的青年将双手卷成喇叭状，对准众人，告诉人们猎物已经进入视野。乐曲急转直下，转入节奏紧迫、急促、明快的小快板，舞蹈的动作也剧烈起来，仿佛野兽就在眼前。大规模的猎捕开始了。男性动作刚劲有力，舞步扑跌有致，双手大张大合，砖块一样的大脚前后左右大步跳动，踏得大地烟尘飞舞。不知者还以为舞者脚下装上了风火轮。女性则沉静地举起右臂，似火把照亮夜空，紧随男人而舞。两个小巴郎趁人不注意的时候也钻进了舞者的行列。他们跟着大人的舞步旋转，娴熟的程度根本看不出是跟着大人在学，天生就是一块跳舞的料儿。这一部分舞蹈叫"赛乃姆"，在库车、喀什都有流传。

对舞变成了圆阵，男女相间，紧紧相随，围成一个大大的圆圈。一名男子把袷袢往腰间一系，四肢着地，学着猎物，东跌西撞。这时，站在观众席上的一个老汉把颤颤巍巍的胡子往边上一将，目光对准官兵那边，提高嗓门说了声："外江……狼娃子一个样子嘛！"场外的观众这才看出了门道，圈内是恶狼，又似猛虎。不知是谁学着狼嚎的样子叫喊起来，悲惨的哀号鼓舞着人们奋勇前进。这一部分无疑就是围猎的场面了，此部分舞蹈叫"赛

勒克"。

最后的一组舞蹈叫"色勒利玛"。乐器奏出了激昂、热烈、喜庆的音符。舞蹈者不停地旋转，小伙子们脚下生风，大姑娘们满头小辫飞舞，气氛达到了高潮。场外，口哨声声嘶力竭；场内，4个青年男子将一"猎手"举过头顶，抛向天空。接着，他们运动员似的绕场挥手，表现出大获全胜、凯旋的喜悦。

喜悦写在舞者的脸上，也荡漾在联欢军人的心头。长时间的热烈鼓掌，是他们对刀郎舞中狩猎韵味最深切的领悟。

央塔克的鼓声

刘学杰

　　5月，我叩响了《刀郎木卡姆》歌舞殿堂的大门——新疆麦盖提县央塔克乡。此地在塔克拉玛干大沙漠的西南缘，地僻、漠荒、贫瘠。"央塔克"意即"骆驼刺茂盛的地方"，是一个人们"不想去，去了出不来"的所在。如此洪荒之域中的《刀郎木卡姆》能有多大魅力？

　　平心而论，我是带着七分神秘三分疑惑的心情踏上央塔克的土路的。正值麦苗吐穗，一阵清风拂过，绿浪迭涌绿浪，田畴里只有稀稀疏疏的农民在劳作。恰是农闲时节。央塔克的农民乘这个空隙，舞一舞，唱一唱，跳一跳，乐一乐，却也在情理之中。我来的正是时候，窃喜不虚此行。

　　刀郎人是维吾尔族的一部分，以麦盖提、巴楚两地居多，跳刀郎舞，弹卡龙琴、刀郎热瓦甫，敲达甫鼓，唱乡野歌，乃刀郎人平生一大乐趣。

　　《刀郎木卡姆》表现的是一次狩猎场景。十多位歌舞乐队队员穿着桔红色长袍，席地跪在一条花毡上，个个神色庄重，凝神屏气，仿佛在等待新生命的出世。受此情景的感染，坐在对面的我也自觉停止了与陪员的交谈，双目凝视着一溜儿跪地的乡土鼓乐手，静候他们如何用鼓乐"狩猎"。

　　达甫鼓敲响了。

　　5位老者每人手持一面有了岁月的鼓。这些鼓比舞台上常见的要小得多，略比碗口大。这"小家碧玉"之物，能敲出什么声响？咚吧吧……咚吧！是老者十指灵动的声音吗？它不急不缓，不轻不重，把人们领向一片胡杨林中披荆斩棘，登高爬下，寻觅野兽踪迹的情境之中。小小的古拙的羊皮鼓竟然敲出了规定意境，令我刮目相看。

鼓声有点急促了，卡龙琴手双手弹拨得更欢了，喉咙里奔出的歌，像是冲破了一层层障碍，无遮无阻地亢亮了。咚吧咚吧吧……咚吧吧吧咚！突然，狩猎者发现了野兽的踪迹，点燃火把，朝密林深处包抄而去……

5位老鼓手脸上滚动着汗珠，手底下的敲打声如狂风暴雨，重掌落鼓似急风骤雨，虚指抚鼓若岚烟沉浮，指停声止又似飞鸟掠雪。一种原始混沌的冲击和莫名意念交织而成的声浪涤荡在我的心中，让我有了一种叱咤云端般的快感。我的双眼再没有眨动，像是被魔咒定了身，死盯在击鼓发声的那一双双粗糙如枯枝的手上。

咚咚咚！吧吧吧！咚咚咚！吧吧吧！猎人将野兽团团围逼，野兽咆哮着作困兽之斗，猎人抄起绳索，挥舞长矛扑上去了……鼓声如千军万马疾驰，又似刀枪剑戟铿锵有声，轰隆隆，嘎喇喇，声震旷野。须臾，"野兽忽成翁中鳖，猎人把盏笑对天"。

野兽终于成了猎人的俘获之物。猎人浑身血迹斑斑，唱起了凯旋之歌。咚吧咚吧吧……咚吧吧……，鼓声孤高野逸，豪放不羁，5双苍老的手有些应接不暇，鼓手们醉迷地忘记了一切。鼓敲到这个份儿上，犹如天地都不存在了，可以尽情尽性地随意挥

洒了。

唱，太温馨，太平庸，不足以宣泄此时之快意；喊，惟有喊，大声喊，扯破嗓子地喊，掏心挖肺地喊，喊得戈壁晃晃悠悠，喊得田畴翠掩绿洲，才能尽抒胸中之意气。吧吧吧！吧吧吧！鼓声如枪击钢板，嘎嘣脆。猎人们抬着可观的猎物向乡亲们炫耀着，讲述着。鼓手双膝跪地的时间久了，又唱又喊又敲紧折腾，露出了疲惫之态，但跪地依旧，鼓声依旧，喊声依旧，威风依旧。央塔克的男女都是在鼓声中长大的……

央塔克之鼓，敲响的是生命的交响曲，演绎的是顶天立地的大漠魂！

刀 郎

徐 梅

　　幽幽的歌声响起。暗哑。低缓。苍凉。欲断还续。像是自远古逶迤而来。正把你揉得愁肠寸断。一片振聋发聩的繁响。戛然而止。沉寂。俄顷，弦被轻轻拨动，声音细若游丝，如苍茫中露出一点春光，像沙海边缘的那抹绿。继而，鼓乐声渐高亢渐激越。歌声与鼓声顿时汇在一起，如千军万马不可阻遏，似河水浩浩荡荡奔泻不息。这时人们纷纷互邀上场，踏鼓点而舞。所有的人都被感染了，群情沸腾，众心欢乐……麦盖提县。

这就是刀郎舞了。这就是调动起你全部的感觉，震颤了你的每一根神经，吸引了你的耳朵和眼睛，引发你剧烈心跳的刀郎舞。

你找不到自己了。你神游万仞，思接千载。看到历史长河，滔滔复滔滔；看到班超御风而行，香妃踽踽而东，车辚辚，马啸啸，旗幡猎猎于风尘中；看到风寒霜重，暮霭沉沉，兵燹祸乱蜂拥而至；看到狂风骤起，飞沙走石，天昏地暗，峰峦浑迷；看到苍鹰盘旋悲鸣，饥民饮泣哀号……

你呼吸急促，血液奔涌，狂热而又浑然不觉。那些歌舞者黧黑的面庞，像是才被泼墨着色一般；额上闪着光泽，褐红，像历史的斑斑锈迹。一举手一投足一句唱词一鼓点，都在述说沧桑，述说家园，述说父辈与劳动，昭示未来与希望。塔里木的梧桐，克里雅的胡杨都舞在其中，飞禽与走兽的命运和困斗也都蕴含其中。鼓若山腾，弦似风啸，一曲遥远的吟咏渐渐清晰起来。风沙茫茫，姿影跌宕，历史断裂了，荒漠断裂了，耸出这么一幕歌舞着的刀郎。

这是苍茫之舞，苦难之舞，奋斗之舞啊！

狼烟烽火映照的荒村遗骸，飞沙荒漠剥蚀的沧桑容颜，都凝铸在这歌舞里；颠沛流离的百姓，沿沙梁起伏的驼队，负杖流浪的老者，在历史的第一个瞬间重新再现；热瓦甫的忧伤，鼓的悲叹，行吟诗人的感喟，都由这刀郎舞喷吐而出；岁月深处的古道，已渺若云烟。歌者隐在漫漫黄沙之中，轻轻拨动那一根血泪琴弦。隐隐约约的绿洲啊，可录下他们的声声悲叹？枯木衰草，可目睹他们疲惫的身影？荒沙戈壁，可深掩他们的森森白骨？这刀郎舞，裸着西部人对不可知的命运的惶恐；在这些歌舞者的身姿背后，你看到岁月如何从容而艰难地在西部展开，看到西部民族躯体内弯曲粗壮的血管突突地奔涌着殷红的血。刀郎舞啊，你可是渗向沙土的一大滴血？

这是生命之舞，灵魂之舞，岁月之舞呵！

这哪里是歌舞呵，分明是围猎时的奔突，是奶香般浓酽的日子，是活力在冲刺，是生机在狂涌，是热情在迸发。那一双手分明加上了历史的重量，一下又一下，敲在西部人的灵魂上；那左闪右旋上举下投，舒缓如云霞，迅疾如雷霆风暴的舞姿，分明表现着一个民族奋斗进程中真实的痛苦与欢乐，渗透着一种顽强不屈的精神，一种全新的现代意识！

当那裸足被风沙打磨得硬硬的，当那份柔情被汗水浸渍得咸咸的，当你看到风沙没有使这些头颅低下，岁月的艰难没有使这些脊梁弯曲；当你看到所有的苦难都被刀郎舞溶解，你就会明

白，西部民族正用这种方式淋漓尽致地表达着他们自己；就会明白刀郎舞为什么是永不枯竭的歌舞。

西部的人呵，在时而高亢入云，时而凄切动人的旋律里，舞出结实的骨骼，舞出不屈的精神。凭借这舞，西部人踩着坚硬的土，战胜了脚下的流沙；凭着这歌舞，西部人汇入喧嚣激荡的现代生活。

这西部土生土长的歌舞，岁月一样的歌舞，灵魂一样的歌舞呵！

这飞沙难掩，浊流难摧的刀郎舞呵！

这被厚重的历史赋予了神性的刀郎舞呵！

这耸在西部的史诗般的刀郎舞呵！

刀郎之梦

刘腊香

古色古香的喀什街头举行的那一场盛大空前的社火，让我想忘也忘不了的是来自麦盖提县的刀郎舞表演。它节奏明快，旋律悠扬，有一种叫人回味无穷的古韵；动作刚劲简洁，姿态优雅从容的舞蹈，有一种让人不敢轻觑的高贵气质。我一下子就情不自禁地喜欢上了它，且有一种说不清的痴迷与沉醉。

好像是不经意的，我就走进了这个名叫麦盖提的地方。一路上映入眼帘的是一排排葱郁挺拔的白杨树和枝繁叶茂的红柳。方正平坦的沃土良田在绿色屏障的掩映下，显出勃勃的生机。

这是一座距离古城喀什有175千米的边城小镇，就在那个闻名于世的塔克拉玛干大沙漠的西部边缘，它南依喀喇昆仑山，北以天山为屏障。上苍借叶尔羌河水千百年来的滋养，用绿色的丝带随意一挥，就圈出了这么一块像孤岛一样的瀚海绿洲。物换星移，人们

在这里生息繁衍，演绎着一个个悠长的故事。

麦盖提县县城不大，以十字街为中心，四面皆有鳞次栉比的屋宇和铺面。宽阔的柏油路面很整洁，街上往来的人群络绎不绝，悠然自在。我发现，这里的人们对麦盖提这块古老土地有着与生俱来的痴恋。它那带有英雄主义色彩的传说，令我遐想万千。假如我有一双神眼，定能透过历史的时空，看到约一千年前这片广袤肥沃的土地上的万顷胡杨和野兽麇集；水草丰美，群禽翱翔的美景。

如此一处绝妙的人间仙境，怪不得一代天骄成吉思汗历尽千难万险也不忍割舍。据麦盖提县志记载，13世纪，成吉思汗征服新疆后，南疆地区就封赏给了他的次子察合台。察合台驰骋疆场，也顾不过来他所管辖的封地，便又将天山以南部分地区封给总管杜格拉特部。那时的麦盖提地区人烟稀少，百草繁茂，遍野森林，成为蒙古游牧部落居住、生活、放牧的好地方。一部分蒙古人便定居下来，安闲自在地生活，成为后来的刀郎人的一部分。

关于刀郎人的来历和传说众说纷纭，莫衷一是。麦盖提原是巴楚县的一个大村庄，据传，很久以前，在莎车王国属下的一个地方，高大魁梧的青年米格提带领人们经过多年的英勇斗争，推翻了剥削他们的部落酋长，米格提成为部落首领。这时正是伊斯兰教传入新疆的时候，米格提部落的7个人信奉了伊斯兰教，他们来到叶尔羌河东岸的原始森林里打猎为生，并将此地叫做米格提。随着时间的推移，米格提就转音为今天的麦盖提，他们在森林里繁衍生息，生活日趋安定，成了刀郎人的一部分。

刀郎的原意即是"群居"或"分群而居"的意思。如今麦盖提的央塔克乡和库木库萨尔乡一带为刀郎人比较聚居的地方。由于历史和生活等原因，有些刀郎人流落到巴楚、阿克苏一带。在巴楚的毛拉乡，色力布亚镇就有一万多人自称为刀郎人。

民族的交汇与融合，总要在一些偶然的必然里留下些什么，不管是有意还是无意。刀郎人是维吾尔族的一部分，但他们的衣食住行、风俗习惯以及语言特点又与维吾尔族略有不同。央塔克乡，维吾尔语意为"骆驼刺茂盛的地方"，素有"刀郎舞之乡"的美称。每当闲暇或节日，男女老少聚集一处，跳刀郎舞，弹卡龙琴、刀郎热瓦甫，敲达甫鼓，载歌载舞，其乐融融。他们的作客方式也别有趣味。每年的10月秋收后冬闲之际，刀郎男人骑马或骑驴走乡串户去作客，有时几个人同时去一家作客。不管走到哪儿，不管认不认识，主人都会殷勤接待。

刀郎人的请客方式更是讲究。客人到后，以座位中间为准，右首位置以地位高低顺序排座，左首以地方头目和贫富顺序排座。客人依次坐定后，主人先用玉米糊糊接待，每人一小碗，再上薄饼，后上煮熟后切成块的羊肉。刀郎人遗留下来的这种作客方式和待客的风俗习惯，在20世纪40年代特别是50年代后逐渐改变，现已不多见了。

我的心里有种怅然若失的感觉。

但是我相信，一定有一种东西深藏在他们含而不露的目光后面，深藏在他们日复一日平淡的生活里。

感受刀郎人的语言，就让人感觉到那个古老的岁月翅羽下潜藏的蓬勃而鲜活的生命力。叫一声"阿他"（父亲）便有别于维吾尔语的"达达"，维吾尔语的"吐马克"（皮帽）刀郎人硬要说成"特里排克"。他们似乎认为，惟有固守着这一份古朴的方言，才能证明他们自身的存在。

站在叶尔羌河大桥上，凭栏远眺，叶尔羌河两岸，绿树成荫，河水浅浅地流淌，不急也不缓。叶尔羌河，它曾洗涤过多少风云变幻的时代，呼唤过多少代人因历史的机缘而会集在此。他们逐水草而居，或游牧狩猎，或垦荒种田，开发出一片片田野、绿洲、村落、乡镇，创造出一个又一个历史传奇，使得麦盖提这块古老的土地如此地丰沃而深邃，如一面旗帜，呼呼生风，猎猎作响！

正是夕阳西下，有一辆毛驴车从叶尔羌河堤岸上缓缓走来，毛驴车上坐着赶车的维吾尔族妇女；身边坐着一个四五岁的男孩。妇女不慌不忙，任凭毛驴悠然自得地走，她的脸在夕阳的余晖中涂了一层微黄的光。小男孩一脸的天真无邪，在天色明明暗暗的旷野上，在叶尔羌河青青的堤岸边，这样的景致和氛围酷似一篇远古的童话。

安乐而宁静的生活，使得回家的脚步轻松而闲适。不可或缺的土地，以它本身所拥有的无法估计的力量，成为千百年来人们

赖以生存和生活的根基。这就是家园。一代又一代，一年又一年，人们在这里敞开着心灵歌唱。

《刀郎木卡姆》就是飞扬在叶尔羌河之上的精灵；刀郎麦西来甫，就是回荡在麦盖提广袤沃野上的长歌！

你听，你听！

这是真正的犷舞狂歌，豪迈而粗犷。歌与舞都那么鲜明，即可独立成章而又浑然一体；人与自然是那么富有诗意，那么和谐，让人有种现实与历史、瞬间与永恒和谐交融之感。

至今，莎车以东的地方还有一片很大的沼泽地。古时候，这片沼泽地叫做"加汗巴克"，意即"宇宙园"，是莎车王及将军们

经常来打猎取乐的地方。传说有一年，威镇莎车的阿依曼将军（月亮将军）要到此狩猎，命令四周的属国派人堵住这些野兽，不许逃走一个，倘有闪失就要兴师问罪。到了打猎的这一天，将军带上猎鹰、猎犬，还有浩浩荡荡的随从人员，兴致勃勃地进入了加汗巴克。麦盖提的囚犯们预先驱赶来的黄羊、野狐，还有被剪去翅膀的天鹅、野鸡，都被臣民们堵截在沼泽地里等待着。狩猎开始了，将军一声令下，猎手们纷纷出击，四周埋伏好的属民们，手执大头棒呐喊助威追击和阻拦四处奔散的野兽。这时，一只被猎鹰紧紧追赶的黄羊窜了过来，从木哈特部落的人群中穿了出去。木哈特人见势不妙，纷纷去追捕。这一来便使围场形成了缺口，更多的野兽逃跑了。木哈特人害怕将军加罪于己，便一起逃到了麦盖提原始森林里，变成了刀郎人的一部分。

刀郎人的传说和故事千百年来以它的优美和浪漫流传至今，但从前狩猎的宇宙园已变成了今天的沼泽地，早已度过了它绿草如茵、群禽翱翔的繁华岁月。如今森林越来越少，土地越来越少，人却一天比一天多起来。越来越多的鸟兽虫鱼、花草树木成了人们享受现代文明的宠爱之物。落后的生产方式和强烈的占有欲望，使得人与自然的较量持续了几千年，现在人们很难随意看到水草肥美、遍野森林、鸟语花香的清凉世界了，更不见了成百上千人浩浩荡荡围猎欢呼的场景。

重温远古人类的生存和生活方式，只能从刀郎舞的旋律中去寻找，去感受，去品味。

这就是刀郎人赋予现代的诗意般的艺术生活。

闻名南疆的刀郎羊，也称"大尾羊"，是被列为自治区星火计划的麦盖提特有的品种。是的，许多的东西随着岁月的流逝逐渐地改变、消融甚至面目全非，但也许在刀郎人的血液里，一刻也不曾忘掉那"天苍苍，野茫茫，风吹草低见牛羊"的蓝天白云下人与动物、人与自然和谐共处的生活。不然，他们为何一代又一代固执地牧羊？

从刀郎人、刀郎羊到《刀郎木卡姆》、刀郎麦西来甫，他们的渊源一脉相承，它沉积于历史之中，但绝没有消失。刀郎舞，在刀郎人的历史和记忆中，是如此鲜活地流动着，顽强地表达着。它成了伫立在叶尔羌河岸边的刀郎人对远去岁月的倾诉，对梦之家园的回望。

质朴的画　凝练的诗

秦　钟

　　我算是半个新疆人，能够唱出"达坂城的姑娘辫子长啊，两个眼睛真漂亮"，能够说出"库尔勒的香梨伽师的瓜"，但说不出来为什么"麦盖提的刀郎舞醉游人，大漠边缘的农民画一枝花"。前些时候，我去"全国农民画之乡"麦盖提县库木库萨尔乡进行采访，才真正接触到了这里的农民画。

　　当车子穿过了绿树环抱、鸡鸣犬吠的几幢农舍后，十多幅巨型农民画从眼际一掠而过：有跨马狩猎图，有千锤百炼图，也有千人拾棉的喜悦随笔……不过，这一路映入眼帘的风俗画、风景画至多是个小小的序幕，库木库萨尔乡政府大门外的几十帧巨幅农民画更加色彩鲜明，有宣传计划生育基本国策的，有养蚕植桑

的，有农耕和储运的，还有描绘塞外江南美景的。就在普通的水泥墙皮上淋漓尽致地挥洒、创作，虽久经风雨，却不失其新，不失其真，不失其雅。

库木库萨尔乡文化中心占地1540平方米，是1980年投资50多万元建成的，有图书馆、农民画创作室、文体活动室和一个宽阔的大院，农民画无疑是这个"被沙漠侵蚀的地方"的亮点。

进入文化中心，首先看到的是梧桐笔挺，翠柳依依，在这和谐的自然景观的映衬下，四十多幅农民画显得绚丽多姿。其中一幅高两米，长十多米的长轴《葡萄架下》，把刀郎之乡热情好客的乡风民俗，快步奔小康的主题进行了夸张渲染，叫人感到一种塞外江南瓜甜果脆、四季飘香的特有气息。进入展厅后，才发现这里才是精品的陈列，才是刀郎民间绘画艺术的上乘佳作。

我欣赏文化站长热合曼·阿皮孜的《丰收》、《辛勤劳动》和《麦西来甫》，我也喜欢放下坎土曼不拿起画笔就睡不香的热依木·色力木的《是梦还是醒》、《欢乐的春天》。《丰收》通过色彩鲜

新疆刀郎

明的工笔彩绘，向人们传达了农民喜庆丰收的快乐心情。画面上的葵花，红黄绿粉，颜色各异。一位妙龄女郎操刀攀斫，一个英俊的巴郎葵下携筐，一实一虚，丰收的喜悦生动地表现在人物脸庞和眉梢上，整个画面流淌着质感和芬芳的气息。而热依木·色力木笔下的羊则是浪漫夸张的麦盖提刀郎羊。它们三只一排，五只一堆地觅食撒欢，形态各异，异彩纷呈。更幽默的是牧羊老汉仰天长卧，被羊群围在中间。不是梦境，胜似梦境，传达出冰消雪化、牛肥马壮的动人情景。还有艾尔肯·巴克里的《接新娘》，吾

斯曼·阿布都热依木的《打猎图》等，都是运用速写手法，勾勒出一个个大气氛、大场面，马嘶羊咩、犬追兔走、风摇树动之声，看得真，也仿佛听得清。

麦盖提农民画是从 20 世纪 70 年代开始酝酿，八九十年代臻于成熟的，如今已誉满神州，名扬海外。麦盖提县仅库木库萨尔乡就有农民画家近百人。截至目前，麦盖提县在区内外、国内外参展的民间绘画达 800 多幅。1996 年，库木库萨尔乡被文化部命名为"现代民间绘画之乡"。

目前，麦盖提农民画已经形成了特色，形成了规模，有了属于自己的精神特质与人文色彩。这些农民画透射着原始稚拙的边乡民风和朴素的唯美追求，是麦盖提民间画家展示自我，认识自我，歌颂生活的一种自然表达方式。在表现手法上随心所欲，只求酣畅淋漓的视觉效果与主观宣泄。它既来自现实，又高于现实；既是现实主义的颂歌，又洋溢着浓浓的浪漫主义的情调。

麦盖提的农民画家们

南 子

　　库木库萨儿乡文化中心站长阿不都·肉苏里带我吃罢饭，便和我跳上一台手扶拖拉机。拖拉机突突地发动起来，颤抖着，把我们带到了库木库萨儿乡黄土铺成的土路上。

　　库木库萨儿乡距塔克拉玛干大沙漠最近处仅为 13 千米。1993 年中英联合探险队就从这里进入大沙漠。沙漠边缘有成片的原始胡杨林和芦荡草场。沿途的流动沙丘、古河道、古城遗址以及民风民俗，每年吸引不少人前往。更重要的是，库木库萨儿乡还是麦盖提刀郎农民画的发源地，也是民间画家比较集中的地方。作为国家文化部命名的"现代民间绘画之乡"，麦盖提农民画已走过 30 年的历程了。

　　一进入库木库萨儿乡地界，道路两旁农家民宅的墙面上一幅一幅的农民画令我目不暇接，有反映丰庆的，有学科技的，有赞颂富民好政策的，有反映刀郎麦西来甫欢舞场面的，大部分内容是表现叶尔羌河畔维吾尔族农民在改革开放，农村包产到户后的生活百态。一路下来，我像是穿行在一条长长的农民画廊。

　　我看着，一路无语。车拐过一户前面有一处小水塘的农家，我看见一面墙上画着一位俏丽的维吾尔族农家姑娘正在抛撒谷物，她的脚下是一群各具神态的公鸡母鸡，而让我感兴趣的则是整个画面的四周边角处，分别画有摩托车、洗衣机、电风扇、电视机、家具等。这幅画在告诉人们：改革开放以后，党的富民政策促进了家庭养殖业的发展，给农家带来了物质生活的富裕。不过，绘有农民画墙面的空白处下方，有一行用白粉刷出来的字很显眼："湿手莫要擦灯泡，以免漏电把人伤。"

我不禁一笑。

这长达4千米的画廊均出自于库木库萨儿乡民间画家之手。

女画家阿依夏木古丽

当阿迪丽孜和阿依夏木古丽一起出现在我面前的时候，我一下子就感觉到了两个女孩之间的"政治"。

为了配合我的这次采访，库木库萨儿乡文化站站长阿不都·肉苏里从县里请来了一位懂汉语的年轻干部阿迪丽孜做我的临时翻译。阿迪丽孜容貌俏丽，穿着时尚，言谈举止间掩饰不住一种优越感。她一开口就介绍自己是2003年考上的公务员，现在是

一位国家干部。她说这话的时候，阿依夏木古丽赶紧低下了头。阿依夏木古丽与阿迪丽孜同龄，都是23岁，可她大专毕业后一直找不到合适的工作，现在还在家里务农。

其实，阿依夏木古丽具有阿迪丽孜所不擅长的技艺——会画农民画，是乡里屈指可数的农民女画家之一。

过了一会儿，站长把阿迪丽孜这个看起来既骄傲又爱咋唬的小姑娘叫走了，我听见阿依夏木古丽轻松地呼出了一

口气。

阿迪丽孜走了以后，阿依夏木古丽仍腼腆地站在乡文化站门口犹豫着不肯进去。一阵迅疾的风卷起尘土猛地扑向她时，她单薄的身体摇晃了一下，然后又低头皱眉，手指抠着衣角"定"在那里。她的头发细如丝线，泛黄，梳成紧密的辫子垂在两肩，微微瘪进去的嘴角仿佛还在赌气。

不过，对"农民画家"这个称呼，阿依夏木古丽很喜欢，我们的话题也就从这里开始了。

阿依夏木古丽至今尚未成家。23岁了呀，这在南疆偏远的农村来说，正是一个维吾尔族姑娘迈向极限中的年龄。在当地，一个维吾尔族姑娘如果长到十九二十岁还未找好婆家，村里人就会为她着急；要是二十三四岁还在家里呆着的话，那在本地简直就是人群中的一个"异类"。

家里人整天眉头紧锁，对她有一种真正的忧虑。可是，她的根将扎向哪里，哪里是她合适的土壤？她一直茫然着。

阿依夏木古丽出生在麦盖提县库木库萨儿乡，高中毕业后，又在乌鲁木齐某工商学校上了3年大专。当时乡里只有两个女孩上了大专。阿依夏木古丽上学的时候，带走了村子里很多人的目光，那些人联想到自己上到初中就辍学的孩子，目光中不免有些羡慕……但是很快，乡里人就没有人再羡慕她了。阿依夏木古丽毕业后，在乌鲁木齐找不到合适的工作，几经转折又回到了家乡。看到麦盖提县每年一两千人在为那极其有限的公务员名额劳碌奔波时，很灰心，就放弃了考公务员的打算。她的家里有二十几亩棉花地，农忙的时候，她也像别的农民一样，参加夏收和秋收、锄草、割麦、插秧，每天干到天黑。

阿依夏木古丽递给我一个绿皮儿的笔记本，上面歪歪扭扭地用汉字写了自己的名字，一张照片掉了下来。我捡起来一看，是阿依夏木古丽的单人照，她站在一户农舍的泥墙前，裤管袖管挽得高高的，好像全无心事。一只盛满水的铁皮桶被她壮硕的胳膊轻松挽住，桶里有晶亮的水珠儿泼溅出来。真让人相信，她那个样子，像一粒沙石，从来就属于这里

阿依夏木古丽从 2003 年开始学习画农民画。早年，库木库萨儿乡画农民画的都是维吾尔族中老年男性。近几年，那些真正敢于抛头露面、用画笔来表达自己的维吾尔族女性也多了起来。到现在为止，阿依夏木古丽已画了近百幅农民画。

在库木库萨儿乡文化站里，我看到了阿依夏木古丽的一幅未完成的农民画：题目是《布巴扎》。画面上有厚厚的颜料堆砌出来的蓬勃绿树，树上果实累累，林中小路迂回曲折，需仔细辨认。最醒目的是从树枝上哗地抖落下来红的、黄的、绿的布匹，瀑布般垂直而下，几乎占据了大半个画面。画面的右下角处，3个维吾尔族妇女和一个维吾尔族小女孩，身影都小小的。她们齐齐地仰起脸，咧开嘴笑，有一种从心底充溢出的欢喜。

阿依夏木古丽给我拿了一叠她的农民画的小样给我看。她画

的农民画多为身着艾德来斯绸裙的维吾尔族农家妇女生活的场景。画面上，那些维吾尔族农家妇女头颅一律上扬，简洁的线条强调出她们头发的飘逸，眉眼的流动和身体线条的起伏，此外便是大片空白。仿佛一切一目了然，又不尽然。

能画画真的很好。不仅比那些终日面朝黄土背朝天的农民多了份表达快乐和才能的机会，而且，她的心一定奔跑在旁人所不知的空白中，与另一个未曾相识

的自我相遇。

2005年夏天，几个来喀什旅游的美国人慕名来到了库木库萨儿乡，买走了阿依夏木古丽的几幅农民画。"那是几个美国人。"阿依夏木古丽对我反复强调这一点。

"其实这几年，也有不少来家里说亲的人，可是不合适。那些介绍来的男的肚子里啥也没有，还是画画有意思。画画打开了我心里的另一扇窗，让我心里的想法跟别人有些不一样了。"

我想，人活下去一半依靠惯性，一半依靠幻想，从这一点上说，人的感受都是相通的。屋子里很闷热。阿依夏木古丽将一管黄色染料挤在画布上，小心地用笔涂开。她的神情专注，顾不上和我再多说些什么，微微前倾的身体像在干农活时一样结实、丰润。

热合曼·哈布孜的抱怨

农民画，顾名思义，就是农民自己画的画。

中国的农民画这个称呼的正式提出是1958年的江苏邳县。还在20世纪50年代，当全国各地继工人画、战士画，舟山、嵊泗渔民画之后，被称为"农民画"的民间艺术新潮便波及全国。很快，新疆麦盖提县的库木库萨儿乡成为了国家文化部命名的全国66个"农民画乡"之一。

不过，麦盖提县的刀郎农民画不同于内地个别县市的农民画，它突出的是民族特色。比如大漠胡杨骆驼队、烤馕烤肉烤包子、手鼓卡龙琴冬不拉、花帽袷袢皮靴子、高鼻深目长辫子、石榴木瓜哈密瓜……但这一幅幅出自当地维吾尔族种田人之手，表现叶尔羌河畔维吾尔族农民生活状态，散发着浓烈乡土气息的作品目前还没有被市场充分认可。

据说，在广西临桂县，当地政府为充分发挥当地农民画资源，还专门将从事绘画的农民 4500 人，整合成为有一定规模的 40 多家书画社，从而形成了全县的农民绘画产业。2004 年广西临桂县的农民画年销售收入达 6000 多万元。

难道麦盖提县的农民画除了欣赏价值外，不具备市场价值吗？观念的最初变化也就在最近一两年。

烈日下的库木库萨儿乡，田野里泛起青色，等待着春耕播种的土地敞开着，阡陌纵横，蒸腾起潮湿的热气，像重负的老农在喘着粗气。

就像现在站在笔者跟前的刚刚收工回来的农民画家热合曼·哈布孜。他高个儿，身板很硬朗，扛着沾满稠泥的铁锹仍显得腰很直。皮肤粗糙、黝黑，手上有长期劳作留下的硬茧和疤痕。脖子后面凸出一小块肉，那是他长期挑担子磨出来的——这样的一种形象，绝不可能是懒汉的形象。

一见面没寒暄几句，他就开始抱怨目前的麦盖提县农民画的销售渠道太窄："如果能接上固定的订单就好了。订多少我画多少，价钱定得死死的。要是行的话，我就天天画，一天画它一张！"

说这话的时候，热合曼·哈布孜紧锁的眉头一下子舒展开了。我吃了一惊。要说女画家阿依夏木古丽画起农民画仅仅是打开了她心里的一扇窗，那么，热合曼·哈布孜对农民画的一番见解可就进入到另一个层面了。

库木库萨儿乡的热合曼·哈布孜今年 61 岁，他从 1975 年开始画农民画，竟也画了 30 多年，在当地算是一个有资历的农民画家，当然也是最有名的了。30 多年来，他忙时种地，闲时画画，画了近 500 幅农民画，其中《公社的日子》还被法国巴黎国家美术馆收藏。1996 年和 1998 年他先后两次在北京举办过个人画展。再过些天，他就要动身去上海，去参加一个全国民俗类题材的农民画画展，此次画展将展出他的 17 幅新作。

站长阿不都·肉苏里苦笑着告诉我:"这两年,我听热合曼·哈布孜的这些抱怨耳朵茧子都出来了。也难怪呢,在内地的不少农民画乡,农民靠画画发家致富,还盖起了小楼呢。"

笔者前些年考察过山东省东丰县农民画乡,它是中国3个著名的农民画乡之一,当地政府不但将东丰县农民画多次向省内外进行展示,而且在农民画的市场营销方面也进行了许多尝试,形成了具有一定规模和体系配套工程。

"哦,"我对这个话题很感兴趣,"那是什么样的体系和配套工程?"

"就是与画商建立起稳定的销售渠道,每年靠订单生产,画商需要什么题材和风格的作品,就告诉画家按照这个思路画出几百张,然后卖给画商。这些画几乎都销往国内南方省份或国外。据说在2004年,东丰县就销售出了农民画作品3000多件,销售额达三四十万元呢。东丰县农民画乡已经把农民画当成了一个文化产业来经营。在这一点上,我们麦盖提农民画乡落后了。我们也在抓紧补课。"

正说着,热合曼·哈布孜朝他瞪起眼睛:"以前,来这里参观的领导太多,今天这个来,明天那个来,我们画的画好多都被你当礼物送给他们了。他们只说好好好的,可一拿上我们的画就拍拍屁股走了,我们啥好处都得不到。你再这个样子是不行的。"

我笑了起来。

阿不都·肉苏里告诉我,现在,每年到了5月中旬的农闲时间,库木库萨儿乡文化站就会把当地的农民画家们组织起来,集中在乡文化站画画。麦盖提县有九乡一镇,全县范围内画农民画的人有2000左右,都是维吾尔族,但能称得上农民画家的也只有70多人。

现在,为调动这些农民画家作画的积极性,文化站在对他们集中培训15~20天期间,还减免了他们的义务工和积累工,并当起了他们的"经纪人"：农民画家画得好的画就收集起来，卖给前来参观的国内外游人。卖画的价钱 70% 左右归农民画家，30% 的费用留下给文化站作流动资金，用来买纸、笔和颜料。不过，在库木库萨儿乡 70 多个农民画家中，只有热合曼·哈布孜的画卖价算是最高的，他的一幅农民画在 300～600 元，而其他人的画一幅顶多只能卖上个 100～200 百元，有时几十元就卖给人家了。

最近，文化站得知乡里有一个搞计划生育的干部会使用电脑，便张罗着和他建立起库木库萨儿乡农民画家档案和相关农民画的网页，打算通过网络销售农民画。

在朝热合曼·哈布孜家走的路上，我和他说了一会儿话。他会一些汉语，能听懂我的话。我无非问他家有几口人、几亩地、年收入多少。我问一句，他答一句，似乎不愿多说话，我不问时，他便只顾低头走路。

从断断续续的问答中我知道了热合曼·哈布孜的一些基本情况。他分地抓阄时手气不好，抓了一块离家很远的地，来去很不方便。

我问他："你现在画画有名了，年纪也大了，干脆不种地了，每天专门在家画画，然后卖掉，这也是一笔收入啊。"

热合曼·哈布孜歪着头看着我："你这样说好得很，但地里的活也要管。我们是农民，地是我们的碗，有地才有吃的，画画来钱不多，就是自己喜欢。"他用手比划了一个圆圈，肩上的锄头放不稳差点滑了下来。

热合曼·哈布孜种了大半辈子的地，现有 21 亩，种小麦和棉花，去年收入仅 6000 多元。要是没有卖画这笔额外的收入的话，一家 9 张嘴是很难把日子过好的。去年一年，热合曼·哈布孜靠卖画挣了 2500 多元。

30 多年来，热合曼·哈布孜农忙种地，闲时画画，画了近 500 幅农民画。现在，他的两个儿子 5 年前也在父亲的影响下学起了画农民画。他们和父亲一样，早上和晚上在地里干活，中午画两个小时的画。不过，他的两个儿子的画我没看到，不知道有没有超过热合曼·哈布孜的。

还在 5 年前，热合曼·哈布孜画农民画出名以后，吐鲁番某个旅游公司看到了商机，便慕名而来，把搬家的大卡车都开到了热合曼·哈布孜家门口，请他到吐鲁番去住，给他发工资，让他为南来北往的游人展示他非凡的画艺。

这是多么好的一件事情，可热合曼·哈布孜却拒绝了。"我是库木库萨儿乡人……"这句话的意思是"我出生在这里，生活在这里，我的家和我的亲人们都在这里。"这说明了一个人的恋根性、故土情结以及与故土的血肉联系等等。

一路上，我和热合曼·哈布孜慢慢地走着，我没再继续问他什么问题。我怕打扰了他的安静，也怕打扰了田垄两旁静静长着的草和庄稼。这大地上的事情真是问不完也说不尽，像草和庄稼那样数不过来。

对麦盖提农民画的三种解释

远居喀什的一位写散文的女孩余梅，多年来安之若素地居住在边城一隅。她对沙漠自有一番见解："人的生命中有一部分是渣滓，人的思想意识中有一部分是糟粕，人的感情中有一部分是低级的，但是被你带到沙漠中并能安详地陪伴你的这一部分肯定

新疆刀郎

是优秀的。"她的这一番话，我深以为然。

就像许多个荷锄挥镰，世代不离农耕生活的刀郎人，用几毛钱一枝的画笔，几元钱一瓶的普通颜料，几根木条支起的画架就画起了农民画。他们除了受当地传统文化熏陶和滋养外，并没有经过任何现代绘画的训练，但是却有一种极其自由的造型风格。在艺术表现手法上很大胆，随心所欲，天上地下，过去现在，横放竖排，大大小小，形成一种夸张变形、纯朴自然的造型特征。

我去的不是时候，没能看到当年5月份乡文化站对农民画家们集中培训的场面。

我想，那么多的农民聚在一起画画的场面肯定有意思极了。他们聊家常，谈收成，讲他们感兴趣的事儿，天上地下；也许同时还为画纸上的一个奇特的造型大呼小叫，说着幽默的笑话，也许还有一些荤话，让其中为数不多的几个农民画家脸红羞涩，这更让他们调笑成一团儿。也许我一句也不懂。其实，农民与城里人之间也就隔着一条田埂的距离。

在这些农民画家的周围，肯定还有一群跑来跑去的小巴郎和一些农闲时没啥事干的农民在看热闹。画家们画多久，他们就能在这里看多久，看平时自己熟悉的生活正被另外的人画在纸上。画得那么好！以前咋没看出来他有这本事呢？目光很复杂，有羡、有妒。最后，也许他索性就加入到了这个队伍之中。

不过，我还是见到了几个农民画家。这次出来，我随身带了一本由新疆美术摄影出版社出版的《麦盖提县农民画集》，在采访这些农民画家的同时，一边翻看着这本画册，一边听他们说起作画的事。

坐在库木库萨儿乡文化站院子里的一棵大树下，我与热合曼·哈皮孜（58岁，库木库萨儿乡人）说起他的作品《打麦场上》。他说："我这幅画嘛，是有一年秋天收麦子后，晚上我坐在打麦场旁看着堆得高高的麦子，心里突然有了想法了，觉得在打

麦场上忙了一天的人都走了，打麦场就像是睡觉了嘛。"

我问他："那你回家就画下来了？"

他说："回家就画下来了。"

我又问："那画上怎么没有一个人？"

他嘿嘿一笑，说："丰收了嘛，大家都去喝酒了，跳舞了，打麦场上没人了，但到处都是人的影子嘛。"

在库木库萨儿乡，我费了很大周折才寻到了吾布力·艾孜子（49岁，库木库萨儿乡人，作品《鸡蛋的魅力》）。见到我时我尚未落座，他对我说的第一句话就是："丫头，啥事情？"

我说，我非常喜欢你的作品《鸡蛋的魅力》：一只鸡孕育了一枚大大的鸡蛋，几乎占了它身体的一半，而在这枚鸡蛋中，有7个人在装一篮一篮的鸡蛋。

他眯起眼睛看了我一会儿说："你知道一只鸡一辈子要下多少鸡蛋吗？"

我说："应该很多。"

他笑了，说："多多的鸡蛋加起来，鸡就有了一个像天一样大的肚子！"

　　我们又玩耍又痛饮，

　　阿克苏、库车留下脚印；

　　场场舞会跳到天亮，

　　只因身边伴着情人。

　　　　　　　　　　——刀郎麦西来甫歌词

这次来麦盖提县我一直想看一场麦西来甫，但不凑巧。我来的这个季节人们都很忙，没有时间跳麦西来甫。在采访中，我有些遗憾地问农民画家艾尔肯·色依提（47岁，库木库萨儿乡人，作品《刀郎麦西来甫》）："这个季节难道连一场麦西来甫都看不到吗？"

他说："人们整天忙地里的活，所以没时间。这个季节，地

新疆刀郎

里的庄稼忙着长身体呢。风一吹，庄稼像是在跳麦西来甫。"

从他的这番话中，我想也许所有的艺术都得益于大自然的滋养，就像麦盖提农民画，质朴是最难能可贵的一种美。"风一吹，庄稼像是在跳麦西来甫。"

向左飞过一株玫瑰，
向右飞过一株玫瑰；
两株花中夜莺啼鸣，
优美的歌声令人迷醉。

——刀郎麦西来甫歌词

在刀郎人的故乡——麦盖提散记

李　魂

　　在塔克拉玛干沙漠东南缘，可以看到一块像孤岛一样伸入沙海深处的绿洲地带。这就是很少为人所知的古老又年轻的边地小城——麦盖提。

　　在一个瓜香果甜、熏风扑面的夏日，我经过一整天的长途跋涉，终于冲过一道道沙梁和漠野围成的屏障，到达了这座宁静的、美丽的、充满神秘色彩的瀚海绿岛。县镇以十字形的街为中心，建成鳞次栉比的屋宇和铺面。街市虽小，却很繁华；树木不多，路面却很整洁。像所有边远小城的居民一样，麦盖提人有着淳朴、笃实、好客的传统。我们这些远来的异乡人，当晚就被请到巴扎建民公社大院里，去参加特意为我们举行的刀郎麦西来甫晚会，领略了这闻名全疆的独具一格的风土舞。

　　据麦盖提县志所载，这里原系巴楚县的一个村落，1913 年才改设三等县，隶属于喀什道。1942 年改属莎车专署第十区管辖。这说明，麦盖提作为一个县城而言还是年轻的，但广泛流传的有关它的那些色彩绚丽的传说故事，却是古老而悠久的，令人神往。

地名的传说

　　麦盖提地处提孜纳甫河和叶尔羌河下游。据说 500 年前，这

新　疆　刀　郎

里还是一片长满野梧桐、胡杨、梭梭及骆驼刺等沙生植物的林莽地带，是野兽出没、风沙肆虐的洪荒世界。它紧紧依托着绵亘无垠的塔克拉玛干大沙漠，西临叶尔羌河，只有南边的莎车是离此最近的绿洲。自古以来，莎车便是西域的通衢的大阜，古称莎车国，又叫渠沙、雅儿看、叶尔羌等。麦盖提一带的刀郎人最初是从莎车迁徙来的。

传说，当时莎车王把一批批的罪犯、囚徒流放到北边的这片原始荒林里，让他们狩猎、游牧，定期缴纳猎获物作为贡品。这些被流放者像原始人一样在这里生活，或是战胜自然，或是被野兽和风暴吞没，过着朝不保夕、饥寒交迫的日子。他们便是刀郎人的一部分。

156

在莎车王属下的一个城堡里，住着一位名叫木哈特的暴君，残酷无情地剥削和压迫他的百姓，人们实在不能忍受了，便奋起反抗。起义者推举身躯高大魁梧的米格提为首领，经过几年的斗争，终于推翻了木哈特的统治，米格提登上了王位。这时，正是伊斯兰教传入新疆的时候。有一个名叫谢依里加拉力丁克提勒的传教士来到了米格提的属地。他通过讲经传教，祈祷安拉（上帝）显圣，使这个部族中的 7 个人信奉了伊斯兰教。这 7 个信徒逃出了属地，来到叶尔羌河的东岸这片原始森林里打猎为生。他们又成了刀郎人的一部分。这些人给莽莽的荒原命名为米格提的名字。天长地久，米格提的转音变成了今天的麦盖提。

伊斯兰教传入新疆的时候，从沙特阿拉伯附近不断有传教士来到此地，而且长期定居下去。传说，麦加附近有一个叫代尔维提的地方，住着一个叫毛拉依卜拉音木木包瓦的信徒，他决心带上4个儿子到喀什噶尔一带传教。他们经历千辛万苦，来到了叶尔羌河以东这片莽莽无际的原始荒林间，爱上了这一片无比肥沃的处女地。这位毛拉从家乡带来了一包恰玛古（蔓菁）种子，撒在有水的地方，不久它就发芽生长起来了。其中有一个地方的恰玛古长得特别多，特别大，里头有一棵竟然长得像水缸一般粗大，他和他的4个儿子无法拔出来，于是就想了个办法，用大刀把这个恰玛古劈成两半，然后从四周深挖下去，总算取了出来。他看到这里土地肥沃，便决定在此定居，垦荒种植，繁衍生息。但是，这里需要有更多的人干活。他用骆驼驮上两片恰玛古，到莎车去进贡，并要求莎车王派人来垦荒种庄稼。后来，来到此地的这一部分人就定居在此地。这就是今天麦盖提县的恰玛古勒克。

从莎车和叶尔羌河西岸来了不同部落、不同种族的人（据说还有蒙古人），他们一堆一堆，一群一群分布在广袤无垠的林莽深处，逐水草而居，以游牧、狩猎为生，也有人从事农业生产，垦荒种植，开发出一片片庄园、田野、绿洲，把荒滩改造成良田，使漠野出现了村落。这就是麦盖提县的发展和形成。这一群一群勇敢的开拓者，是今天刀郎人的祖先"刀郎"，它的原意即是"群居"或"分群而居"的意思，他们是维吾尔族的一部分，但至今

新疆刀郎

仍保持着自己的习俗和语言特点。由于生活原因，有些刀郎人已流落到巴楚、阿克苏一带。目前，麦盖提县真正的刀郎人比较少了，他们大都集中在央塔克和库木库萨尔乡等地方。刀郎人在长期战斗生活中养成了团结互助、吃苦耐劳的优良品质，正如有的古书中说，当地人民"衣食简朴，民风笃实耐劳"，家庭和邻里之间"情殊融乐"。这些民俗特点一直保存到现在。

刀郎人及其他

我在麦盖提居留期间，接连参加了 3 次刀郎麦西来甫晚会，其中在县体育馆大院内的一次，轰动了整个县城。那天晚上男女老少，说说笑笑，从四面八方涌来，把灯光球场的周围挤得水泄不通。在明亮的灯光照耀下，红男绿女，争奇斗妍，像是一块万紫千红的花坛。当主持人用诗一般的语言讲出举办晚会的意义，并且热情召唤大家尽情歌舞以后，乐队中的掌声率先响了几下，

老乐师高声呐喊起来，说明麦西来甫开始啦，欢迎大家都来跳舞呀！羯鼓应和着发出清脆的鼓点，引出了悠扬舒缓的木卡姆乐曲。男女舞伴相互邀请，一对对、一双双，先后进入舞场。他们或是情侣、或是朋友、或是夫妇、或是父子甚至是祖孙，随意结伴，翩翩起舞。那神态和舞姿既是轻松愉快的，又是庄重优雅的。气氛渐渐趋于热烈。刀郎舞的最大特点在于节奏明快，动作刚劲，表现了刀郎人几百年里在大森林里游牧、狩猎的生活，所有的动作都是劳动过程的形象化。它大约可分为 4 个舞蹈片段。随着乐师高亢的呐喊，乐队奏出徐缓的散板，叫做"孜力巴亚宛"，它无疑是舞蹈者整装入场，选择舞伴的前奏。一对对舞蹈者轻摇慢跳，显出一副漫不经意的姿态，如同运动前的准备动作。第一乐段开始了，响起了召唤性的乐句，提醒人们已经进入狩猎区，对舞者双双轮换甩动手臂，做出用手拨动草丛、寻找兽迹的动作。舞者姿态优雅而从容，但又透出紧张与不安。这一部分舞蹈叫"且克脱曼"。继而，乐曲转入节奏紧迫、急促、明快的小快板，人们的动作也剧烈起来，仿佛找到了野兽，开始狩猎的样子。男性动作刚劲有力，舞步扑跌有致，双手大张大合，左右前后大步跳动。女性则沉静地举臂，犹如手持火把照明，紧随男舞伴前进。这一部分舞蹈叫"赛乃姆"。紧接着的舞蹈片段是"赛勒克"。对舞变成了圆阵，男女相间，紧紧相随，围成一个大圆圈，这应该是围猎的场面了。最后一组舞是"色勒利玛"，表现胜利后的欢乐。乐曲奏出昂扬热烈的喜庆音调，舞蹈者恢复双人舞，不停地旋转，气氛达到了高潮。这时，场上的人往往因气力不支而纷纷退场，原地旋转的人逐渐减少，留在原地的人无形中进入竞技状态，最后的几组人员在互相比赛，看谁的旋转持续的时间更长。一般说来总是年轻人取胜，但也有不服老的年长者坚持到最后，博得掌声。倘若遇到几对年轻人相持不下时，聪明的主持人以主人的身份步入舞场，抚胸施礼，向舞蹈者及观众连

新疆刀郎

声致谢，使大家尽欢而散。

显然，这样形式完整，含义明确，动作刚劲的民间舞蹈是不多见的，它十分生动、准确地表现了刀郎人的劳动生活，反映了劳动者刚强、坚毅的斗争意志和充满必胜信念的乐观精神。

劳动创造了艺术，刀郎人在长期劳动生活中不仅创造了风格独具的"刀郎赛乃姆"（歌舞），同时创造了朴实豪迈的歌舞组曲《刀郎木卡姆》。现今保存下来的这种完整的曲调就有9套之多。它们以丰富多彩的音乐语言编织成色彩灿烂的"刀郎舞"套曲，与歌舞部分融为一体，有些曲调还有歌词。当乐师们在如痴如狂地起劲演奏时，往往伴以高亢、深情的歌唱。那些由古代无名诗人创作的一首首木卡姆歌词，大都是爱憎分明的劳动与爱情的颂歌。比如在第七个套曲，《朱拉》木卡姆中，有一段歌唱爱情忠贞的歌词：

> 你的生命，我的生命，
>
> 不都是一个命吗？
>
> 你如果遇到灾难，
>
> 我将为你牺牲。

新中国成立后，民间诗人们创作并演唱了许多歌颂党，歌颂新生活的新歌词。比如：

> 痛苦落到穷人头上时我们向谁诉，
>
> 受苦的人终日辛勤劳动；
>
> 在残酷的统治下，
>
> 我们没有吃和穿。
>
> 今天我们解放了，不幸和忧愁消失了，
>
> 在共产党的时代里，我们尽情欢乐。
>
> 玩吧，萨日罕，玩吧，
>
> 喂依，喂依，喂依……

伴随着《刀郎木卡姆》音乐和"刀郎赛乃姆"舞蹈的诞生，

刀郎人同时创造了传统的刀郎乐器：卡龙琴、刀郎热瓦甫等。这些乐器发出的声音清脆，悠扬，雄壮，可以奏出粗犷豪迈而又细腻深情的乐曲，具有强烈的感染力。卡龙琴可以说是刀郎人特有的乐器，形似扬琴，不是敲击而是弹拨出声，音色刚劲而又柔润。传说500年前，在最先来到麦盖提的人员中，有一个叫毛拉的年轻人，酷爱音乐，会用梧桐木制作热瓦甫等乐器。有一天他利用废料做了一个三角形木箱，把野兽肠子晒干后拧成琴弦钉上，可以弹奏出音响。这就是今日"卡龙琴"的始祖。这种有声音的"箱子"经过几代能工巧匠的研制、改装，终于演变成今日用钢弦代替肠弦的弹拨乐器。开始人们给它起名"卡里"，意即"像人的胸腔一样发声的东西"，后人从宗教典籍中找出了更优美的名字"卡鲁"，最后语音转化成今日的"卡龙"。在我参加的几次刀郎歌舞晚会上，艺人们除了分别奏出不同的《刀郎木卡姆》乐曲之外，还表演了犹如"唢呐木卡姆"之类的其他歌舞和乐曲。刀郎歌舞晚会并不只局限于跳刀郎舞，也可跳其他舞蹈节目，而且还有意识地在群众歌舞之间穿插许多妙趣横生的小节

目，既使人们得到休息，又活跃了晚会气氛。最常见的游戏节目是抢黛莱、献茶联句、"烤包子"、"照相"等。像抢黛莱、献茶联句格调优雅，情趣淡远，表现了维吾尔族人民热爱艺术，礼待宾客的习性。"烤包子"、"照相"等则是维吾尔族人民聪明机智、诙谐风趣的民族特点的生动写照。

诺吾鲁孜在我的家乡

潘黎明

　　走进诺吾鲁孜节，就是走进一部西部史诗，走进一个喀什噶尔民间神话。那不仅仅是一个民族对春天的赞美，更是他们不断丰富自我，发展自我，认识自我的过程。漫长的3000年岁月，湮没了一座座故都王城，淡漠了一个个英雄往事，惟有诺吾鲁孜节历久弥新、代代相传。

走进民间

　　诺吾鲁孜节最热闹的场所，当属乡村。选一块空地，一个乡里的农民聚在一起，开展传统的娱乐活动叼羊、赛马、斗牛、斗羊、斗鸡和斗狗。维吾尔民族是一个乐于展现自己的民族。早在一个月前，看着柳树萌出了黄芽，杏树拱起了花苞，他们就开始急着挑选自家的牲畜了。马儿喂足了料，每天骑出去奔驰一番，练它的脚力；公牛要体格健壮，头大角尖的，早早儿拉着它找"对手"挑战，培养它的斗志。还有斗羊，那可是维吾尔人最喜爱的活动之一。他们的刀郎羊向来以体格硕大而著称，斗羊也是显示自家实力的时候，那像牛犊子一样的头羊昂着脑袋，一副傲视群雄的架势。如果谁有一只"常胜将军"斗羊，那么他在乡里肯定会受人尊重，腰板挺得笔直，你拿一座金山去他也不会让出他的羊。还有那只大公鸡，是早已在村里打遍群鸡无敌手的，脖

163

新
疆
刀
郎

子上的毛因为屡次"冲锋陷阵"而被"对手"扯光了。

准备了很久，各村终于选出了自己的最佳"斗士"，最有可能稳操胜券的骏马、斗牛、斗羊和斗狗、斗鸡。畜禽入选，主人顿时光彩了很多，拎上准备好的白面馕、麦子和肉骨头，领着自家畜禽乐滋滋直奔赛场。

维吾尔族的祖先曾经以游牧为生，因此，在每年草木返青时正是他们放牧牲畜、开始新生活之时。这种以骑马斗畜为主要内容的过节方式当然也成为首选。千年时光过去了，这种古老的庆祝形式一直保留着，记叙着一个民族的兴旺发达。

在所有的活动中，叼羊是最能体现维吾尔民族曾经作为一个马背民族的辉煌的。一只割去头的羊羔扔在空地上，几十名骑手在奔马上弯腰离鞍，争抢羊羔，观众喊声如潮，为自己心中的勇士呐喊助威。马也精神人也精神，直掀起漫天尘土，仿佛是风云变色。最后，羊羔落入英俊的小伙手中，引得长辫子姑娘们一阵窃窃私语，爱慕的眼光追随着骏马上的挺拔身影。

羊常被当作温顺的代名词，可在诺吾鲁孜节的赛场上不同，要知道羊群的好坏，全靠公羊品种的优劣。有一头优良、壮硕的

公羊，那可是维吾尔人最大的骄傲。依米提大叔和老伯买买提早就暗中较劲了，因为他们的那两只公羊在麦盖提县是出了名的，就等今天一比高低了。

两只公羊对视了一番，猛然往前一跃，两颗羊头"砰"地撞在了一起。角逐中，依米提大叔不时抚摸一下喘气歇息的羊头，喂块馕为它鼓劲加油。几经撞击，买买提老伯的羊挂起了免战牌，缩到了老伯身后，气得买买提老伯直骂它没有出息。依米提大叔则和他的羊一样，昂首挺胸，踏着脚，洋洋得意。

狗是牧民最忠实的伴侣，自古以来，它都伴随着牛羊和牧民迁徙，保护着牧人和牲畜的安全，不让野狼靠近畜群。所以狗是诚实而勇猛的。在斗狗场上，它们为主人而战，为自己的荣誉而战，直扑对手，厮咬翻滚，直到一方倒地不起，奄奄一息。

看完诺吾鲁孜节的民间活动，体会了叼羊赛马的激烈，斗鸡、斗狗的惨烈，斗牛、斗羊的热烈，就体会到了那种不屈不挠的精神和力量，那种在平淡岁月里寻找乐趣的豁达和乐观。

去看歌舞

唱歌跳舞是喀什噶尔各民族的天性。有人说，维吾尔人生来就会跳舞。诺吾鲁孜节当然不能没有歌舞。

据记载，在唐朝时，诺吾鲁孜节就已成为维吾尔以及塔吉克等喀什噶尔各民族的盛大节日。节日里，人们身着盛装，载歌载舞，颇有"艺术节"的味道。那时的诺吾鲁孜节已成为西域与中原文化交流中的一个重要组成部分，民间也为原本平淡的日子增加了更为丰富的内容。那就是弹奏木卡姆、跳刀郎舞，麦西来甫通宵达旦，琴师弹出最激昂的乐曲，歌手放开嗓门唱出最热切的歌，成千上万的群众则随歌起舞。

这种习俗也一直延续至今。在现今的诺吾鲁孜节上，刀郎故

天山传奇丛书

乡麦盖提的达甫鼓敲得人心激荡，卡龙琴弹得动人魂魄，刀郎舞跳得如滚滚浪潮。

有几万人欢歌起舞。正像一句解说词所说：爷爷眯着眼睛看孙子跳刀郎舞，小孙子咬着手指看爷爷跳刀郎舞。喀什噶尔的各民族就是这么多才，这么善舞，这么热爱生活。少女鬓边插着玫瑰，长裙饰着银边，小伙胸口绣着花朵，展现着对美的追求和向往。

刀郎舞本身就是喀什噶尔各民族在融合交往中产生的舞蹈，它是民族大家庭智慧的结晶，是各族人民在长期放牧、狩猎、耕作中对劳动和收获的喜悦的诠释。它体现了各民族一条心共同发展、寻找幸福的意志与决心，是喀什噶尔自古以来各民族团结和睦的标志与见证。

在麦盖提刀郎文化广场，七十多岁的老艺人闭目忘情地弹拨着琴弦，吸引了上千人为之翩翩起舞，那就是在春天的祝福里祈求繁荣与昌盛。

民间体育的魅力

在喀什，最扣人心弦的体育运动是什么？当然是达瓦孜！高空王子阿迪力从喀什走到了北京，从中国走向了世界。在他的家乡，达瓦孜艺人更是人才济济、群星闪烁。诺吾鲁孜节的麦盖提文化广场上拉起了8米高、50米长的钢丝绳。这可是达瓦孜艺人的竞技场。只要你信心十足，敢于挑战极限，那就拿上横竿，到钢丝上走一走吧！

3岁的阿迪亚生也从母亲的怀里挣脱出来，要到钢丝上去"露一手"。母亲虽然有些担心，但觉得作为达瓦孜世家的传人，如果不到高空中去磨练，就像鹰不去飞翔一样。于是，她亲手把横竿放在儿子的小手上，环顾了一下成千上万的观众："孩子，

记住，这是你的荣誉，是我们达瓦孜家族的荣誉。"阿迪亚生不太懂母亲的话，但他还是郑重地点一点头，就让舅舅抱上了高高的钢丝绳。

达瓦孜世家的人好像生来就会走钢丝一样，阿迪亚生稳稳地在空中行走着，底下几个牵着被单预防不测的人反而高度紧张，他们昂着头，盯着小阿迪亚生，额头上都渗出了汗珠。观众们更是一颗心提到了嗓子眼，"阿迪亚生，加油呀！"不知是谁喊了起来。阿迪亚生低下头看了一眼，他小小的脸庞忽然绽开了微笑，非常自信的、快乐的微笑。他的微笑征服了全场的观众。一个3岁孩子的从容、镇定让喀什噶尔的民间体育光芒四射。

和达瓦孜一样激动人心的还有"帕普孜"——一种类似于曲棍球的活动。各村都选出了最优秀的队员，各执木棍，击球入门。年轻力壮的汉子们在赛场上左冲右突，每进一个球，都要引来一阵喝彩。

麦盖提的民间体育活动是源远流长的。在几千年的生产活动中，维吾尔族人不但创造了灿烂的文化，也创造了各种各样的体育活动。这些乡土味极浓的的体育活动不但强壮了他们的体魄，

更锻炼了他们笑对风雨沧桑的民族精神。

吃一顿诺吾鲁孜饭

在刀郎之乡，诺吾鲁孜节吃诺吾鲁孜饭也是庆祝节日的主要内容之一。节日期间，各家各户都采回鲜嫩的苜蓿，包一顿苜蓿饺子，互赠亲友，品鲜尝新。

每年 3 月 22 日左右，在乡民聚集处还要设一口大锅，用 7 种杂粮、7 种蔬菜和 7 种肉类混煮一顿鲜美可口的粥饭——传统的"诺吾鲁孜饭"，每人手捧一碗，分而食之。这是一种深植于民心的祈祷，意在祈求新的一年风调雨顺、五谷丰登、六畜兴旺。在春天这个充满生机与希望的季节里，人们以这样生动鲜活的方式表达着自己的意愿。

诺吾鲁孜节在杏花的绽放中开始和结束，它一年一度，生生不息，就像一位歌手唱的：诺吾鲁孜在我的家乡，永远勃发着生机，因为它象征着希望。

永远的刀郎

枣林子

　　以前，我多次欣赏过刀郎人歌舞的写实照片，但当真实的刀郎人和刀郎舞蓦地出现在眼前时，我禁不住大欢喜、大感动。

　　整整一天，我沉浸于刀郎歌舞之中，有生以来一种不曾有过的激情在我的胸腔中鼓荡着，一遍一遍的。当卡龙琴、刀郎热瓦甫奏出悠扬的过门，一个鼓手"噢……"地起序，那声音格外奇崛，似一种遥远的呼唤，伴随深沉有力的节奏，歌者齐和。摄魂荡魄呀！这是一种意境。

　　麦盖提之行是有声有色的。我们的汽车驶过了新修的叶尔羌河大桥后，便到了著名的刀郎歌舞之乡。我们先在县城参观了麦盖提农民画，这使我对麦盖提的农民有了一个全新的认识。这些质朴的农民们，骨子里流淌着艺术的血液。我始终弄不明白，是歌舞激起了他们的创作激情，还是绘画创作点燃了舞者心智的灵光。

　　刀郎舞，也叫"刀郎麦西来甫"。全过程表现了狩猎时的情形和凯旋时的喜悦。我在观舞过程中发现，其表演是有固定的程式和情节的。起初，散板高歌，似在召唤各个部落的人参加围猎；接着是走步对舞，男人伸出双手，左一下，右一下，表示用手拨开树丛寻找猎物，女人则将一只手背在身后，另一只手高高举过头顶，表明了发现野兽并与之搏斗直至围歼的情形。舞者双臂起落有力，越转越快，使全舞达到了高潮。

在央塔克乡，我们被引到一农家大院，刀郎人正在大院中架起篝火，忙活着烤鱼烤肉呢。一位老妈妈已经忙了整整一个早晨了，她要为我们做一种全村也没几个人会做的苞谷面饺子。见我们到来，她从坐垫上慢慢下来，边招呼我们，边活动一下早已坐麻木的双腿，然后继续干她的活。在这里，我认识了一位八十多岁的刀郎老人，他叫木拉丁吾守尔，他那黝黑的面容与他那银白的胡须形成了鲜明的对比。老人腰弯了，门牙豁了，但笑起来爽朗，唱起来雄浑，舞起来敏捷。木拉丁老人总是笑眯眯地盯着我们，目光中充满了看孙女一般的慈爱。我们渴望交流。通过翻译，他告诉我，他父亲是清真寺里的阿訇，还在他很小的时候，他调皮极了，父亲太忙就把他送往叔叔家。叔叔好歌舞。从此，他也由小舞到了今日狂舞，并在舞蹈中与村里的一位姑娘相爱了。这是一个刀郎老人粗略的生活轨迹，但我知道，生活中一定还有某种窘迫和困苦，歌舞成为一种必需，否则，庸常芜杂的日子，将使精神黯然。

由刀郎舞我想到了刀郎人。史家研究，刀郎人乃维吾尔族的一个分支，但在生活习俗、语言、文化以及相貌上却与维吾尔人有一定的差别。上溯至 13 世纪，蒙古人征服了整个亚洲及东欧部分地区，建立了威名赫赫的元朝，南疆及中亚地区成为成吉思汗次子察合台的封地。此后，在伊斯兰教传播的过程中，因为蒙古人拒绝改信伊斯兰教，受到世俗政权的压迫，被迫迁至沙漠边缘，以打渔狩猎为生。至 15 世纪，他们开始信仰伊斯兰教，形成了现在的刀郎人。所以说，刀郎人有着蒙古人的血统。据考证，刀郎舞与蒙古人的"倒喇"舞有着极为密切的渊源关系。"倒喇"舞的节奏也是由慢及快，然后在急速旋转的高潮中结束。从现代蒙古人的"倒喇"舞中，我们也许可以寻找到刀郎人身上蒙古血统的信息。刀郎舞开始了，舞者闭起双眼，打着手鼓，集结了鼻腔、胸腔、丹田之气，发出低沉若洪钟般的共鸣声，一种原始的意象、粗犷的气势令我们不能自已。木拉丁老人同我对舞起来，他不时地纠正我的手摆动的方向、转的快慢，我们用眼睛对话，用动作交流。这是一次灵魂的对舞，慢慢地，我掌握了舞蹈要诀。起先，矜持缓慢，随后坚定硬朗起来，动作幅度也逐步加大。一曲一曲，歌者不疲，舞者不疲。

那位跳得极具韵味的年轻的刀郎人是乡文化站的站长。他告诉我，《刀郎木卡姆》是新疆地方音乐中最古老的艺术，其中共有9个套曲。传说在很久很久以前，一位名叫努尔木汗的母亲，她有3个儿子，每天都要出去打猎，母亲在家担惊受怕，度日如年。于是，她叮嘱3个孩子，打完猎一定要高声唱歌，她只要听到孩子的歌声，就知道他们平安无事。她的3个儿子每天都去不同的地方打猎，大儿子声音粗犷深沉，她听到就知道这是勃姆巴亚宛的声音；二儿子歌声圆润优美，她就知道这是胡代克巴亚宛；小儿子歌声温柔婉约，她就知道是孜力巴亚宛。以后，3个孩子的名字便成了套曲的名称。这是一个多么生动的传说呀。传说中透着人类最伟大的感情，透着浓厚的草原气息。这一刻，我享受着这意切情浓的刀郎人的生活，自感仿佛已返璞归真，置身人间仙境。

该吃饭了。大碗的苞谷面饺子，大盘的米肠子面肺子，大碗的酸奶子一下便把我们"打倒"了，后来再端上来的美味的刀郎烤鱼、烤土鸡、烤羊肉，我们便只有看的份了。酒过三巡，歌舞继续，我们更是兴奋得满面通红。全体都上场舞了起来。与刀郎人在一起，仿佛我们都成了刀郎人。

这是一个普通的农庄，它在人的生命中是圆满的，它闪烁的光泽给我们留下了深深的、永远不会忘记的印象。

刀郎农民画欣赏

新疆刀郎

新　疆　刀　郎

新疆刀郎

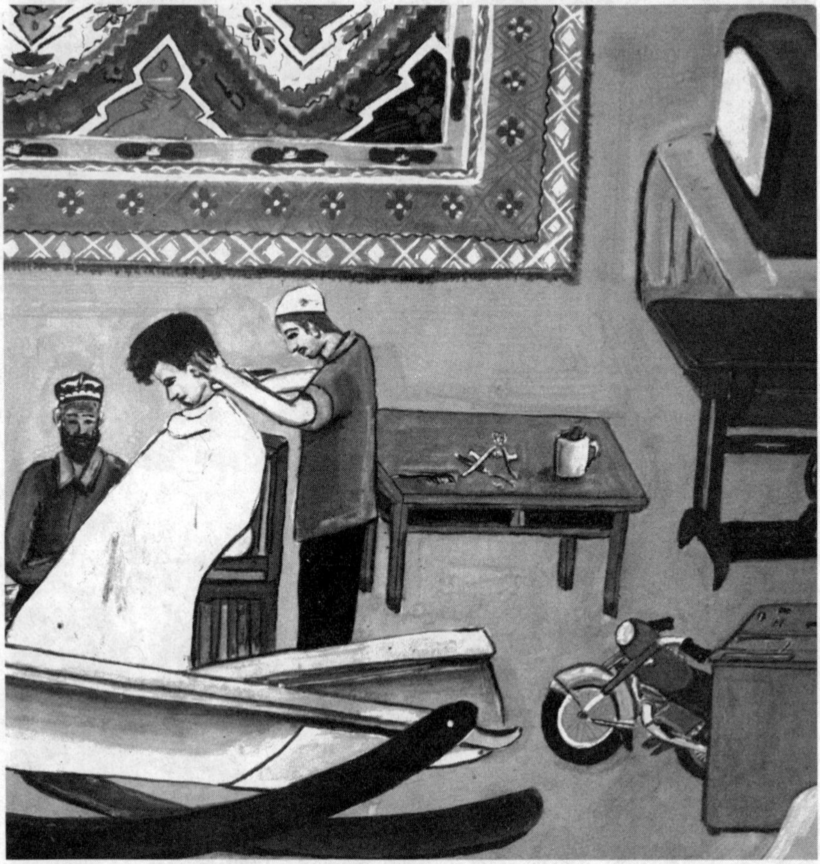